Schirner
Verlag

Beate Seebauer &
Anne-Mareike Schultz

Magische
Rauhnächte

Mit den Tierbegleitern durch
die mystische Zeit

Schirner
Verlag

Wir verzichten auf das Einschweißen unserer Bücher – **UNSERER UMWELT ZULIEBE!**

ISBN 978-3-8434-1349-7

Beate Seebauer & Anne-Mareike Schultz: Magische Rauhnächte Mit den Tierbegleitern durch die mystische Zeit © 2018 Schirner Verlag, Darmstadt

Umschlag: Silja Bernspitz, Schirner, unter Verwendung von # 307944398 (© Mark Bridger), # 324009974 (© Feaspb), # 767139244 (© Martin Mecnarowski), # 504536446 (© Ron Dale), # 671032255 (© Sablegear), # 84504100 (© debra hughes), www.shutterstock.com
Layout: Silja Bernspitz, Schirner
Lektorat: Natalie Köhler & Kerstin Noack, Schirner
Printed by: Ren Medien GmbH, Germany

www.schirner.com

4. Auflage November 2022

Inhalt

Widmung

Dieses Buch haben wir für dich geschrieben, um mit dir
unsere Liebe zu den Rauhnächten zu teilen. Diese Zeit ist
etwas Besonderes. Wenn du dich darauf einlässt,
kannst du vieles für dich regeln und neu ordnen.

Wir wünschen uns von Herzen, dass du auf dieser Reise
dich selbst, deine Träume und Wünsche kennenlernst und
mithilfe der Tierbegleiter alles, was für dich wichtig ist,
umsetzen kannst. Mögen die Samen, die du setzt, aufgehen,
und möge das kommende Jahr für dich magisch werden.
Das wünschen wir dir von Herzen.

Deine Beate und Anne-Mareike

Vorwort

Die Rauhnächte und ihre Magie haben uns schon lange in ihren Bann gezogen. Umso schöner ist es, dass dieser besondere Zauber unsere Energien nun zu diesem gemeinsamen Projekt verbunden hat. Denn ursprünglich war es die Liebe zu den Delfinen, die unsere Wege hat kreuzen lassen, und nun sind es unsere gemeinsamen Wurzeln, Traditionen und Bräuche, die uns dieses Buch zusammen schreiben lassen.

Im Winter 2016 hatten wir eine intensive gemeinsame Zeit während der Rauhnächte. Wir haben uns von unseren Riten, Erlebnissen und Träumen berichtet, wodurch die Idee zu diesem Buch entstanden ist. Die Rauhnächte haben einfach Magie, und das, was wir zu dieser Zeit besprochen, geplant und erlebt haben und was uns verbunden hat, wollte einfach in die Welt geboren werden. Ein Jahr später, in den Rauhnächten 2017, war uns dann ganz klar, dass wir dieses Buch gemeinsam schreiben wollten. Von den zarten Sonnenstrahlen der wiedergeborenen Sonne wurde unsere Idee in dieser Zeit genährt, und nun darf sie erstrahlen.

Wir, Anne-Mareike und Beate, werden in diesem Buch von »wir« sprechen, obgleich jeweils nur eine von uns einen bestimmten Textteil geschrieben hat. Dies ist ein Gemeinschaftsprojekt, das wir durch das »Wir« unterstreichen möchten und mit dem wir unsere Verbundenheit miteinander und mit diesem Thema zum Ausdruck bringen wollen. Es ist uns nicht wichtig, wer welchen Text geschrieben hat oder wer welchen Impuls hatte, denn wir ehren die Rauhnächte und unsere Verbindung. Durch das »Wir« möchten wir nicht nur uns einschließen, sondern auch dich. Was für ein magisches Geschenk, ein »Wir« zu sein und doch jeder für sich zu stehen und sein eigenes Sein zu leben.

Die Rauhnächte – Legenden, Bräuche und Rituale

Obwohl kein eindeutiger Ursprung der Rauhnächte auszumachen ist, sind sie bis heute ein bedeutender Teil unserer Kultur. Wie großartig ist es, dass wir die Vielzahl von Bräuchen, die es in den Rauhnächten gibt, mit unserer Leidenschaft für die Tiere, Legenden und Riten verbinden können. Die Tiere sind ein Bindeglied zwischen unserem magischen Planeten Mutter Erde, uns Menschen und der Schöpfung. Sie sind die Botschafter zwischen den Welten, dürfen Mittler sein und uns den Zugang zu uns selbst, der Natur und dem Universum, aber auch zu unserer Herzensquelle erleichtern. Zudem schenken uns die Mythen und Legenden um die Tiere einen Zugang zu unseren Wurzeln. Sie lassen uns erkennen, dass es so viel mehr zwischen Himmel und Erde gibt, als wir uns oft eingestehen möchten. Mit ihnen können wir auf eine Schatzkiste unermesslichen Wissens zurückgreifen, die uns immer zur Verfügung stand und steht.

Jeder von uns hat ein tägliches Ritual, ob es nun der Kaffee am Morgen ist, die Runde um den See oder sich auf ganz bestimmte Weise die Schuhe zuzubinden – all dies sind unbewusste Rituale, die wir für uns zelebrieren. Wie magisch wäre es da erst, wenn wir etwas ganz bewusst für uns tun? Die Zeit der Rauhnächte ist gespickt mit vielen traditionellen Ritualen wie das gemeinsame Schmücken des Weihnachtsbaumes oder das Entzünden der Adventskerzen. Wir alle haben feste Rituale in dieser Zeit.

Wir würden uns freuen, wenn du dich selbst in den zwölf magischen Nächten in den Fokus stellst und entscheidest, was du für dich tun kannst. Es geht uns in diesem Buch vor allem um den Symbolgehalt der Übungen und Rituale und nicht darum, dass du alles genau so machst, wie wir es beschreiben. Ein Ritual darf dich loslösen von der Hektik oder dem Stress der Feiertage. Es darf dir Ruhe, Gelassenheit und vor allem Einsicht in dich selbst, in deine Ziele und Wünsche schenken. Die Rituale, Räucherungen und Meditationen sind nur Anstöße und Impulse. Falls dich in den Rauhnächten dein Zeitmanagement im Stich lässt oder du dich in Tagträumen wiederfindest, dann lasse dich von unseren Anregungen nicht unter Druck setzen.

Es ist an der Zeit, einen neuen Blick auf diese zauberhaften Nächte zu werfen und Neues zu entdecken und zu entwickeln – vielleicht kann dir dieses Buch dabei helfen. In dieser besonderen Zeit, in der die Schleier zwischen den Welten hauchdünn sind, können wir in andere Welten hineingreifen und liebevollen Besuch aus ihnen bekommen. Dies schenkt uns magische Momente. Es können augenscheinlich bedeutungslose Augenblicke sein, und doch berühren sie uns tief in unserem Innersten. Mögen diese Momente nicht einfach unbeachtet und ungenutzt vorbeiziehen, sondern mögen wir diese Energie mit einem Ritual feiern. Ein Ritual kann uns die Gelegenheit schenken, in den kleinsten Dingen Magie, Zauber und Glück zu finden und dieses für immer in uns zu verankern. Ein Ritual zelebrierst du vor allem für dich. Feiere dich und dein strahlendes Licht.

Die Rauhnächte und der Gott Odin

Aber was sind die Rauhnächte eigentlich, und was hat der nordische Gott Odin mit ihnen zu tun? Die Rauhnächte, die die verschiedensten Namen tragen, sind eine Zeit, in der wir uns zwischen den Welten befinden. In dieser Zeit sind wir eingeladen, zu orakeln oder auch zu räuchern, um uns auf uns selbst zu besinnen. Die zwölf Rauhnächte sind Losnächte, in denen wir Visionen, Wünsche und Träume für die zwölf Monate des kommenden Jahres aussenden und einen mühelosen Kontakt zur Lichtwelt, Anderswelt und zu anderen Dimensionen herstellen können. Unsere Ahnen reichen uns die Hände, damit wir Altes auflösen oder auch einen tiefen Kontakt zu verborgenem Wissen knüpfen können.

Es gibt viele alte volkstümliche Bräuche in den Rauhnächten, und obwohl sie aus einer Zeit weit vor dem Christentum stammen, haben sie heute noch Relevanz und werden immer noch begangen. Diesen zwölf Nächten und dreizehn Tagen obliegt eine Mystik, die durch Raum und Zeit Bestand hat. Man hat beinahe das Gefühl, dass Vergangenheit, Gegenwart und Zukunft miteinander verschmelzen. Die Wintersonnenwende kündigt den Wandel an, denn die dunkelste Zeit liegt jetzt hinter uns. Das Licht wird wiedergeboren im Schoß der Großen Göttin und schenkt uns wieder Hoffnung auf Helligkeit, Freude und Entzückung. Die Rauhnächte sind eine Zeit, in der die Übergänge zwischen allen Welten und die Grenzen des Verstandes verschwimmen. Du darfst dich jetzt von deinen Gefühlen leiten lassen und aufhören, dich von Vorurteilen bestimmen zu lassen. Dir wird ein Bild offenbart, das dich an dich erinnert, an das große Ganze und an das, was du erreichen kannst. Du kannst Schöpfer deines kommenden Jahres sein und die Energien für dich nutzen und lenken.

Die Silbe »Rauh« in »Rauhnacht« geht wahrscheinlich auf das Wort »Rauch« und damit auf die Räucherrituale zurück, die bis heute in diese Zeit gehören. Der Rauch wurde seit jeher genutzt, um das Licht einzuladen, um zu reinigen, zu meditieren, die Verbindung in die anderen Welten zu stärken und das Band zu ihnen zu festigen. Die Rauchsäule darf eine Lichtsäule zu den Göttern und Göttinnen sowie in die Anderswelt sein. Sie darf als Sprachrohr dienen, um die Nebel zu durchdringen, und ein Mittler sein, um unsere Wünsche, Gedanken und Visionen zu transportieren. Das Wort »Rauh« kann aber auch vom mittelhochdeutschen Wort »rûch« abgeleitet werden, das »haarig« bedeutet. Der Gott Odin verjagt in dieser Zeit die Finsternis mit seiner wilden Heerschar, die nicht nur aus unseren Ahnen und aus Geistern besteht, sondern auch aus vielen Tieren wie Raben, Wölfen, Wildschweinen und Pferden. Die Energie dieser Tage empfinden wir als etwas ganz Weiches, Wohliges und Kuscheliges wie das weiche Fell eines Tieres. Die Tiere gehören für uns untrennbar zu den Rauhnächten, nicht nur, weil sie Teil der wilden Jagd Odins sind, sondern weil sie durch ihre Schwingung eine gewisse Zartheit in die Zeit bringen. Ob es nun der Rauch oder das Tierfell ist, es ist eine Zeit, in der wir mit den Tieren und durch Räucherungen einen bestimmten Impuls setzen können und sollten, denn diese zwölf Nächte gibt es nur einmal im Jahr.

Welche Tage die Rauhnächte nun beinhalten, wann sie beginnen und enden, dazu gibt es die verschiedensten Sichtweisen. Die einen sagen, sie begännen genau zur Wintersonnenwende, die anderen meinen, sie begännen sechs Nächte vor der Sonnenwende. Für wieder andere ist der Weihnachtsabend die erste Rauhnacht. Lasse dich einfach von deiner Intuition führen, und erkenne, was für dich richtig ist. Für uns ist es in diesem Augenblick am stimmigsten, in der Nacht vom 24.12. mit unserer Zählung anzufangen.

Der Gott Odin ist der erste und älteste aller Götter in der nordischen Mythologie und wird in alten Legenden auch als »Allvater« bezeichnet. Allerdings trägt er viele Namen, beispielsweise wird er auch »Wotan« genannt. Er herrscht über alle großen und kleinen Dinge, erschuf Himmel und Erde und alles, was in ihnen ist. Er gilt als der Vater der Götter, und doch war eine seiner größten Errungenschaften, den Menschen die Seele zu schenken. Odin ist ein Gott der Weisheit, der Magie und der Ekstase. Er ist ein Seelenbegleiter, wandelt in allen Welten und gilt auch als Friedensstifter. Zudem kämpft er gegen die Finsternis, damit das Licht obsiegt. Alten Legenden nach war Odin immer wieder auf der Suche nach mehr Wissen und opferte unter anderem sein Auge, um einen Schluck aus dem Zauberbrunnen am Fuße des

Weltenbaumes Yggdrasil trinken zu können und die Fähigkeiten eines Sehers zu erhalten. So kann Odin die Vergangenheit, die Gegenwart und die Zukunft sehen.

Doch in den Rauhnächten kommt er nicht nur zu uns, um die Finsternis zu bekämpfen, sondern auch, um uns Vertrauen in die anderen Welten zu schenken. Mit seiner Heerschar verfolgt er einen Hirsch, der die Sonne in seinem Geweih trägt und mit ihr in die Unterwelt geschlüpft ist. Odin treibt ihn zurück in den Himmel, damit die Tage wieder länger werden können. Zudem sollen Odin und seine Heerschar die Winterdämonen vertreiben, die kalt, eisig und destruktiv sind. Odin beschützt die Welt der Menschen und ist dem Volksglauben nach während seiner wilden Jagd für uns greifbar. In der Zeit, in der Odin unterwegs ist, können wir Kontakt zu ihm aufnehmen. Dadurch wird der Schleier auch in alle anderen Welten und Dimensionen hauchdünn, und die Götter, Göttinnen und Botschafter der Welten können uns Nachrichten zutragen, die wir mühelos erkennen und verstehen. Odin bringt Segen, Erfolg und Wohlergehen für diejenigen, die diese Zeit für sich und ihren Kontakt in die Welten nutzen. In der Folge kann ein inniger Austausch mit dem Ahnenfeld stattfinden, und Liebe, Fülle und Erkenntnis können fließen.

Vorbereitung auf die Rauhnächte

Viel Aberglaube und Volkstümliches ranken sich um diese Näch-te. Einige dieser Vorkehrungen machen Sinn, weil sie dich von den Energien des Jahres reinigen und dir einen freien Start in das kommende Jahr schenken, andere sind einfach nicht praktikabel. Eigentlich benötigen die Rauhnächte keinerlei Vorbereitung, ihre Magie ist einfach da und wartet auf dich. Allerdings können ein paar Dinge nützlich sein, um mühelos in die Rauhnächte zu starten. Schärfe deinen Verstand, und nimm nur das an, was sich für dich stimmig anfühlt.

Uns ist es z. B. wichtig, sich vor den Rauhnächten auszusprechen und keinen Groll ins nächste Jahr zu tragen, damit er einen nicht wie kleine Gedankendämonen verfolgt. Auch ist es schön, alles Geliehene zurückzugeben und verliehene Sachen wiederzuerhalten, z. B. Bücher oder Geld. In den Rauhnächten »reinezumachen« kann dich beflügeln. Versuche, auch in deinem Inneren Dinge zu klären und auszusprechen. Hierbei geht es nicht darum, jemand anderen zu verletzen, sondern darum, in einer lichtvollen Energie alles zu bereinigen. Zudem haben wir die Erfahrung gemacht, dass Lügen in den Rauhnächten noch kürzere Beine bekommen, denn hier wird Licht in die Finsternis gebracht, und dieses Licht ist wie ein Lightspot auf solche Dinge gerichtet. Auch, die Wäsche zu machen, gehört zu den typischen Bräuchen, denn dem Aberglauben nach möchte man es vermeiden, dass sich Odin in der Wäsche verfängt und es damit verpasst, das Licht zurück in den Himmel zu scheuchen. Bis heute heißt es daher, dass man vor den Rauhnächten die Wäsche abhängen soll. Für uns bedeutet dies, jedes Jahr mit einem Schmunzeln und auch mit einem Augenrollen die komplette Waschküche auf Vordermann zu bringen, aber auch, die fiesen kleinen Ecken, in denen sich über das Jahr unnütze Dinge angesammelt haben, aufzuräumen. Nicht weil Odin sich daran stören könnte, sondern um für uns selbst klare Linien zu ziehen. So gehört es für uns auch dazu, am 21.12. unsere Räumlichkeiten mit Weihrauch zu räuchern, um sie vorzubereiten. Wenn das erledigt ist, ist im Außen alles hergerichtet, und wir können uns in den kommenden zwölf Nächten um das Innere kümmern. Lasse dich jedoch nicht stressen, nimm die Hektik heraus, und prüfe, was für dich praktikabel ist.

Einkaufsliste

Obwohl sie immer zur selben Zeit stattfinden, kommen die Rauhnächte – ähnlich wie Weihnachten – für viele jedes Jahr wieder überraschend schnell und können uns überfordern, wenn wir plötzlich nicht genug Räucherkohle oder Räucherwerk im Haus haben oder das Tagebuch für diese Zeit fehlt. Natürlich ist es schön, sich einfach leiten zu lassen und sich im Fluss dieser Zeit zu bewegen. Auf der anderen Seite ist es auch magisch, diese Zeit für sich zu nutzen, indem man vorbereitet ist. Du findest hier eine Liste mit allen Zutaten und Gegenständen, die wir für die Räucherungen und Rituale benutzen. Diese Liste soll dich nicht unter Druck setzen, sondern sie soll dir helfen, dich ganz in Ruhe vorzubereiten. Entscheide für dich aus dem Herzen heraus, was du in dieser Zeit wirklich brauchst.

Grundausstattung zum Räuchern: Streichhölzer oder Feuerzeug, 1 feuerfeste Räucherschale, Räucherkohle, Räuchersand, 1 Feder

Räucherwerk: Alantwurzel, Beifuß, Benzoe, Birkenrinde, Eisenkraut, Fichtenharz, Fichtennadeln, Kardamomsamen, Lorbeerblätter, Mädesüß, Mastix, Mistel, Myrrhe, Orangenschale, Rosenblätter, Rosenwurz, Rosmarin, Salbei, Tannennadeln, Thymian, Wacholderspitzen, Wacholderbeeren, Weihrauch, Wurmfarnwedel, Zimtrinde

Für die Rituale: 1 ganzer weicher Apfel, 2 Apfelspalten, 1 Bio-Orange, 1 Teelöffel Honig, Sonnenblumenkerne, Tannennadeln, 1/4 Vanilleschote, Zimtrinde, 1 kleines spitzes Messer, 1 Tasse, 1 Glas, 1 Zahnstocher, 1 feuerfeste Schale, 1 Stift, kleine Zettel, Zeitungspapier, Bastband, 1 weiße Kerze, 1 Kerze (egal, welche Farbe), Streichhölzer oder Feuerzeug

Grundausstattung für den Altar: 1 Tuch oder 1 Decke, 1 Feder, 1 Kerze oder 1 Feuerschale, 1 Muschel oder 1 Behältnis mit Wasser, 1 Kristall oder 1 Stein

Du kannst dir auch ein schönes Notizbuch zulegen, um deine Visionen, Erfahrungen, Ideen und Gedanken festzuhalten.

Räucherrituale

Räuchern gehört in den Rauhnächten einfach dazu. Wir haben dir für jede Rauhnacht Räucherwerk zusammengestellt, das du im jeweiligen Kapitel findest. Wir haben hierbei auf unsere Erfahrungen in dieser Zeit zurückgegriffen, denn die Räucherungen dürfen dir Freude und Begeisterung schenken. Solltest du eine der Zutaten nicht bekommen oder lieber eine fertige Mischung verwenden, dann tue dies. Wir möchten dich bitten, dir für jede Räucherung Zeit zu nehmen, sie in Ruhe vorzubereiten und dich auch während des Räucherns nicht zu hetzen.

Das Räucherritual läuft immer auf dieselbe Weise ab:

* Horche in dich hinein, und frage dich, warum du heute räuchern möchtest. Welche Absicht hast du?

* Setze dich in der Natur oder zu Hause an deinen Altar: Baue einen Kreis, einen heiligen Platz, auf, in dem du eine Anrufung[1] aussprichst. Konzentriere dich auf das, was du vorhast, und lasse dich nicht durch Dinge im Außen wie das Telefon oder etwas Ähnliches ablenken. Wenn du möchtest, lege eine beruhigende Musik auf. Entzünde dann die Kohle in deiner Räucherschale.

---

1 Eine Anleitung dazu, wie du die Tiere anrufst, findest du auf S. 127.

* Verbinde dich mit dem Tier der jeweiligen Rauhnacht, und rufe es an deine Seite. Spüre, wie es sich liebevoll an deine Seite legt und du dich beschützt und wohlbehütet fühlst.

* Erinnere dich an die Botschaft deines Begleiters, und spüre, wie sie die Quelle deines Herzens berührt.

* Lege nun vorsichtig und langsam dein Räucherwerk auf die Kohle. Lasse Rauch entstehen, fächere dir den Rauch über den Kopf, und ziehe ihn dreimal mit einer Feder über deinen Körper – vergiss dabei nicht deinen Rücken.

* Nun lasse dich vom Rauch einhüllen, wiege dich mit dem Rauch, und erlebe, wie dich seine Wirkung auf allen Ebenen berührt.

* Du kannst dir nun die Meditation der jeweiligen Rauhnacht ins Gedächtnis rufen oder sie noch einmal lesen, um sie in dir zu verankern.

* Lasse das Räucherwerk von allein ausbrennen, und spüre nach, wie der Rauch dich nährt.

* Danke den Energien und dir selbst für die Schritte, die du gerade getan hast.

* Lasse den heiligen Raum sich wieder auflösen, und komme ganz zurück in deinen Alltag.

Hinweis zum Räuchern

Jeder von uns hat seinen ganz eigenen Stil, zu räuchern. Bitte behalte dir deinen. Falls du jedoch noch nie mit Harzen und Räucherkohle geräuchert hast, dann hilft dir diese kurze Anleitung.

Zum Räuchern benötigst du eine feuerfeste Räucherschale, Räucherkohle, Streichhölzer oder ein Feuerzeug, Räuchersand und eine Feder, um den Rauch zu verteilen. Grundsätzlich gibt es zwei Möglichkeiten, wie du mit dem Räucherwerk verfahren kannst: Du kannst entweder alle Zutaten grob zerkleinern und miteinander vermischen oder sie unzerkleinert in einzelnen, verwendbaren Stücken belassen. Nimm dir für jede Räucherung Zeit, und bereite sie in Ruhe vor.

Fülle deine feuerfeste Schale mindestens zur Hälfte mit Sand, denn die Kohle wird beim Räuchern unglaublich heiß. Danach lege die Kohle aufrecht in den Sand, und entzünde sie. Ein kleines Band an Funken wird sich durch die Räucherkohle ziehen. Lege die Kohle nun mit einer kleinen Zange flach in den Sand. Du kannst das Durchglühen beschleunigen, indem du der Kohle Luft zufächelst. Die Kohle ist erst bereit, wenn sie eine gräuliche oder weiße Farbe annimmt. Wir bitten dich, vorher kein Räucherwerk aufzulegen. Die Räucherung darf ein meditativer Augenblick sein, und du solltest nicht in Hektik verfallen. Falls du mit verschiedenen Räuchermischungen räucherst, macht es Sinn, Kohle in zwei Räucherschalen zu entzünden, damit du genug Platz für deine schönen Düfte, den Rauch und das magische Erlebnis hast. Wenn die Kohle die richtige Farbe hat, du bereit bist und deinen heiligen Raum aufgebaut hast, kannst du beginnen, dein Räucherwerk aufzulegen. Hier ist weniger oft mehr, besonders wenn du die Düfte noch nicht kennst. Lasse dem Rauch seine Zeit, beobachte die Schönheit der Rauchsäule, und fächele den Rauch mit der Feder über deinen Kopf und deinen Körper hinunter. Vergiss dabei nicht deinen Rücken. Tue dies dreimal – für Vergangenheit, Gegenwart und Zukunft.

Nachdem du geräuchert hast, kannst du den Duft einfach genießen und meditieren, dich mit einem Tier und der Qualität des Tages verbinden. Komme zur Ruhe, und lasse dich von den Düften und dem Rauch wiegen. Wenn du dein Zuhause reinigen möchtest, dann gehe nun mit der Schale vorsichtig von Raum zu Raum, und fächele den Rauch im Uhrzeigersinn in jede Ecke des Zimmers. Falls dein Räucherwerk zu schnell verglüht, lege etwas von dem Sand auf die Kohle. Er kühlt sie etwas ab, und der Duft und die Wirkung entwickeln sich langsamer. Der Sand hilft auch, wenn die Kohle zu heiß für zartes Räucherwerk wie Blüten oder Blätter ist. Lege den Sand entweder direkt auf die Kohle oder in einem kleinen Abstand neben die Kohle, damit dein Räucherwerk gezielt verglüht. Das A und O des Räucherns ist es, den Duft und das Erlebnis in sich einzusaugen und sich selbst sowie das Räucherwerk zu ehren.

Hirsch * Gans *
Eule * Falke * Schaf *
Hase * Wildschwein * Rabe *
Eichhörnchen * Wolf *
Dachs * Schlange

Die 12 Rauhnächte und ihre Tiere

Dieses Buch ist aus unserer Herzenskraft entstanden. Durch die Tiere und ihre Mythen sind wir in die Tiefen der Rauhnächte gesunken, und diese Erfahrung möchten wir hier mit dir teilen. Die Auswahl der Tiere und ihre Reihenfolge innerhalb der zwölf Rauhnächte haben wir nicht dem Zufall überlassen, sie sind uns in unseren letzten Rauhnächten begegnet. Wir sahen das als Zeichen, dass diese Tiere in dieses Buch wollten, um die richtigen Botschaften für dich bereitzustellen. Es sind Botschaften, die dich mit deinen Wurzeln verbinden und das Unmögliche möglich machen. Mithilfe dieser Tiere soll dir der Zugang zu dir, zur Anderswelt und zur Welt hinter den Nebeln erleichtert werden. Jedes Tierwesen wird dir bei einem bestimmten Thema zur Seite stehen und dich auch im dazugehörigen Kalendermonat des neuen Jahres begleiten. Natürlich kannst du es aber auch in anderen Monaten an deine Seite rufen und es um seine Unterstützung bitten.

Auch wenn die Zuordnung der Tiere womöglich von deinem Erlebten oder schon Gelesenen abweicht, würden wir uns freuen, wenn du dich auf diese Reise einlässt, da sie uns auf diese Weise für uns und dich übermittelt wurde. Es ist alles ergänzbar, und wir möchten dir nichts absprechen, auch wenn wir es hier nicht erwähnt haben. Dies sind deine zwölf heiligen Nächte, bitte genieße sie. Wir freuen uns, dass du dich mit uns auf diese Reise machst und ein Teil dieser Magie wirst.

Impulse UND **Anregungen**

FÜR DIE *mystische* **Zeit**

Die Rauhnächte sind die Zeit des Übergangs, in der die Schleier zur Anderswelt so dünn sind, dass wir Einblick in das Geflecht des Lebens erhalten. Für viele genau die richtige Zeit zum Weissagen und Orakeln: Dieses Kartenset öffnet die Räume von Vergangenheit, Gegenwart und Zukunft. Auf Träume achten, Räuchern zum Aufladen oder Reinigen oder einen Segen sprechen – mit diesen Visionskarten erhält der Anwender intuitiv immer die richtigen Impulse für die mystische Zeit zwischen den Jahren.

Jeanne Ruland
Mein Rauhnacht-Orakel
Visionskarten für die 12 Heiligen Nächte
Kartenset, 50 Karten mit Anleitung
ISBN 978-3-8434-9104-4 | D € 19,95 | A € 20,60

Alle Angaben werden vertraulich behandelt.
* Der Newsletter kann jederzeit abbestellt werden.

Name/Vorname: _____

Straße: _____

PLZ, Ort: _____

Telefon: _____

E-Mail: _____

Geburtsdatum: _____

Bitte senden Sie mir:

☐ weitere Informationen aus dem Schirner Verlag

☐ den Schirner Newsletter (nur als E-Mail*)

☐ das SPIRIT live & Schirner Magazin

Diese Karte entnahm ich dem Buch: _____

Würden Sie dieses Buch weiterempfehlen?

Vielen Dank!

Antwort

Schirner Verlag
Birkenweg 14a
D - 64295 Darmstadt

Das Porto
übernehmen
wir für Sie!

Hirsch

1. Rauhnacht
24./25. Dezember – Weihnachtsabend

Die erste Rauhnacht beginnt am Weihnachtsabend und steht für den kommenden Januar. Du darfst in dieser Zeit auf deine Träume und Gefühle achten. Auch mit der Energie des ersten Weihnachtstages lassen sich Rückschlüsse auf die erste magische Nacht und natürlich auch auf den kommenden Januar ziehen. Heute darfst du dich mit dem Hirsch verbinden. Er ist ein Lichtbringer und hilft dir dabei, dem Ruf deiner Seele zu folgen und deine Träume und Wünsche zu erfüllen. Verbinde dich mit seiner Energie, und lausche, was er dir zu sagen hat.

Tagesqualität: Neuausrichtung, Samen setzen

Legenden

Es gibt kaum ein Tier, um das sich so viele Mythen und Legenden ranken, wie den Hirsch. Er kommt als mystischer Begleiter in fast jeder Kultur vor. Der Hirsch gilt als Lichtbringer und trägt der nordischen Sage nach das wärmende und Hoffnung bringende Sonnenlicht in seinem Geweih. Er hält das natürliche Gleichgewicht des Lichts auf der Erde, indem er in der dunklen Jahreszeit mit dem Sonnenlicht in die Unterwelt schlüpft. So werden die Tage auf der Erde kürzer. Der Sage nach folgt Odin ihm in die Unterwelt, um ihn zurückzuholen und die Sonne für uns Menschen nach der längsten Nacht des Jahres, der Wintersonnenwende, wieder aufgehen zu lassen.

In Legenden wird der Hirsch häufig als Tier von hoher Magie und als Führer der Kraft dargestellt. Der keltische Gott Cernunnos trägt in seinem Hirschgeweih die Magie des Hirschs. Jedoch galt der Hirsch selbst häufig sogar als noch weiser, älter und magischer als manch ein Gott, denn ihm wurde die Fähigkeit zugesprochen, den Frieden zu erhalten und ein Gleichgewicht der Kräfte zu erschaffen. In vielen Kulturen wurde er als heiliges Wesen verehrt. Lichtwesen, Götter und Göttinnen verwandeln sich gern in ihn, um die Menschen in die Natur zu locken und ihnen dort ihr eigenes Licht bewusst zu machen. Der Hirsch steht aber auch in enger Verbindung mit Merlin und Avalon. Er ist ein Sinnbild für Seelengröße, Intuition, Führung, Einweihung, Fruchtbarkeit und den heiligen, kraftvollen Raum der Natur.

Der Hirsch ist Begleiter und Toröffner in andere Dimensionen und in die Lichtwelt. Sein Geweih ist ein Sinnbild für die Verbindung zum Licht, aber auch für die Geistige Welt. Er trägt uraltes Wissen über Raum und Zeit in sich, fordert uns auf, uns mit Kraft, Licht und Liebe aufzuladen, und erinnert uns daran, uns an der höchsten Schwingung auszurichten. Er weist uns den Weg und entfaltet die Magie in uns.

Der Hirsch gilt in unserer Kultur als das Reittier unseres Inneren, unseres Geistes und unserer Gefühle, und er unterstützt uns auf unserem Seelenweg. Er ist noch heute der Lichtbringer im dunklen Wald und zeigt uns immer wieder Übergänge auf, die in die Anderswelt, Lichtwelt und in die Welt hinter den Nebeln führen. Zudem gilt er als Symbol für die Vereinigung von Mann und Frau und steht auch für Mutter Erde und den Zyklus von Leben und Tod. Das Geweih, aber auch der Schädel des Hirschs wurden in früheren Zeiten genutzt, um Kraft und Licht in Ritualen aufzubauen, die eigene Stärke zu unterstützen und schwere Energien zu transformieren. In verschiedensten schamanischen Kulturen wird das Geweih noch heute zu diesem Zweck eingesetzt. Durch Aufzeichnungen aus dem Mittelalter wissen wir zudem, dass der Hirsch ein Symboltier Jesu Christi war.

Botschaft des Hirschs

Geliebtes Wesen, schaue tief in meine Augen, denn ich helfe dir dabei, deine wahren Wünsche zu erkennen. Sie entspringen deiner Seele und helfen dir dabei, dein inneres Licht zu entfachen, das schon in dir ist, aber noch nicht vollständig gelebt wird. Es ist der Verstand, der dich oft davon abhält, deine wahre Größe zu entfalten und deinen Platz im Leben einzunehmen. Er flüstert dir zu, dass du noch nicht so weit bist und noch dieses und jenes dafür brauchst. So entfernst du dich immer weiter von dir, von deiner Seele und von deinen wahren Wünschen und Träumen. Das ist der Grund dafür, warum dir manches so schwer erscheint und nicht so verläuft, wie du es dir erträumst.

Mache dich frei von deinem Denken, und gehe in dein Herz, in dein Gefühl. Folge deiner inneren Stimme, denn sie leitet dich und zeigt dir, was gelebt werden möchte und was jetzt in deinem Leben wichtig ist. Du kannst heute den Samen setzen, den Samen für eine neue Ausrichtung oder für ein Projekt, das dir am Herzen liegt. Vertraue darauf, dass alles, was sich dir zeigt und was dir deine innere Stimme sagt, die Wahrheit ist. Deine Seele weiß, was richtig für dich ist, denn sie möchte, dass du dich selbst lebst.

Frage dich:

* »Lebe ich mich und meine Wünsche schon?«
* »Wer oder was hält mich davon ab, meinen Wünschen und Träumen, meinem inneren Ruf, zu folgen?«

Mache dir dazu Notizen, denn sie werden im Laufe des Jahres hilfreich sein.

Alles, was dir nicht mehr dienlich ist, und alles, was dich daran hindert, deine Träume und Wünsche zu leben, kannst du jetzt loslassen. Heute ist ein guter Tag, um dich neu auszurichten und den Samen für das zu setzen, was dir wirklich wichtig ist. Dazu braucht es nur ein kleines bisschen Mut und etwas Zeit, um dir darüber klar zu werden, was du säen möchtest. Ich bin an deiner Seite, damit du deinen Platz im Leben findest und ihn auch einnehmen kannst. Du darfst das, was dir zusteht, annehmen. Du hast es verdient!

Meditation

Schließe deine Augen, und atme ein paarmal tief ein und aus. Mit jedem Atemzug sinkst du tiefer in deine Innenwelt. Mit jedem Atemzug kommst du mehr bei dir an. Alle Gedanken, alles, was dich daran hindert, nun ganz bei dir zu sein, lässt du mit dem nächsten Atemzug los. Deine Gedanken sind unwichtig, denn jetzt sind deine Zeit und dein Raum. Atme noch einmal tief ein und aus. Anspannungen, die sich noch in deinem Körper befinden, atmest du einfach weg. Du wirst immer ruhiger. Alles, was sich im Außen befindet, ist bedeutungslos, nur du bist jetzt wichtig.

Vor deinem geistigen Auge erscheint nun eine Tür. Auch wenn du sie vielleicht nicht sehen kannst, wisse, sie ist da. Öffne diese Tür, und folge dem Weg, der sich dir jetzt zeigt. Er führt dich in einen Wald. Du kannst das Moos riechen, und eine magische Stille umgibt dich. Du hast keine Angst, denn du weißt, dass du behütet und beschützt bist. Der Weg führt dich immer tiefer in den Wald hinein. Du gelangst auf eine wunderschöne Waldlichtung. Sie ist ganz von einem warmen Licht erfüllt, und die Bäume bieten dir Schutz. Du fühlst dich mit der Natur verbunden und spürst, wie dich eine innere Ruhe erfüllt und du vollkommen loslassen kannst.

Du nimmst wahr, dass du nicht mehr allein bist, und aus dem Schatten der Bäume tritt ein majestätischer Hirsch. Sein Geweih ist riesengroß und leuchtet hell. Er kommt langsam näher, und du spürst seine magische Energie. Du kannst in deinem Inneren seine Stimme hören, er sagt: »Schön, dass du hier bist und den Kontakt zu mir suchst. Ich möchte dir dabei helfen, dein inneres Licht zu sehen und es zu aktivieren. Ich möchte dir helfen, deine wahre Größe zu entfalten, um deine Wünsche in die Wirklichkeit treten zu lassen. Schaue dich um, es ist alles da, was du dafür brauchst. Du musst nicht danach suchen, denn in jedem Moment stehen dir unendlich viele Werkzeuge zur Verfügung.« Der Hirsch kommt noch näher, er senkt seinen Kopf, und langsam streckst du deine Hand aus und berührst ihn. Du kannst sein weiches Fell unter deinen Fingern spüren, und die tiefe Ruhe seines Wesens erfasst dich. Er sagt zu dir: »Öffne dich jetzt für die Informationen, die dir deine Seele schicken möchte. Sie sagt dir, was du wirklich willst und was wichtig für dich ist. Spüre und sieh, was entstehen möchte.« Du siehst nun Bilder, die vor deinem inneren Auge auftauchen, oder erhältst innerlich Impulse. Sie zeigen dir deine nächsten Schritte und deine Wünsche für das kommende Jahr. Lasse sie zu, und bewerte sie nicht. Der Hirsch flüstert dir zu: »Siehst du, alles, was du wirklich möchtest, was wichtig ist, wird zu dir kommen, wenn du dich nicht von äußeren Umständen ablenken lässt. Öffne dich nun dafür, indem du dich von allem trennst, was dir nicht mehr dienlich ist und dich davon abhält, in deine wahre Kraft zu gelangen, dein Licht zu entzünden. Ich transformiere mit meinem Geweih alles, was dich belastet, egal, ob es deine eigenen Gefühle oder die Gefühle anderer sind. Berühre dazu mein Geweih, und lasse einfach zu, was passiert.« Deine Hand berührt jetzt eine Stelle des Geweihs, und du spürst, wie ein pulsierendes Licht in deinen Körper hineinströmt. Es füllt dich vollständig aus, jede Zelle wird mit diesem Licht gefüllt. Du nimmst wahr, wie du innerlich wächst und zu leuchten beginnst. Du bist erfüllt von dem Glauben, dass alles, was du dir wünschst, möglich ist. Lasse dieses Gefühl nun noch stärker werden, und berühre dazu einen Teil deines Körpers. Dieser Körperteil ist dein Anker, und wann immer du zweifelst, kannst du diese Stelle berühren und das Gefühl sofort wieder wahrnehmen. Dankbar und voller Liebe streichelst du den Kopf des Hirschs. Er blickt mit seinen braunen Augen mitten in deine Seele und sagt: »Wann immer du zweifelst, denke an mich. Ich bin an deiner Seite und helfe dir, dein Licht leuchten zu lassen.« Er dreht sich um und verlässt die Waldlichtung. Du bleibst noch einen Augenblick und nimmst seine Energie noch einmal tief in dich auf. Neben dir liegt ein Geschenk, es ist ein Symbol für dein Gefühl. Was ist es? Hebe es auf, und mache dich dann auf den Rückweg. Wenn du wieder an der Tür angekommen bist, öffne sie, und komme mit dem nächsten Atemzug wieder ganz im Hier und Jetzt an.

Räucherwerk für den Hirsch

> 2 Teile Weihrauch
> 1 Teil Myrrhe
> 1 Teil Zimtrinde
> ½ Teil Lorbeerblätter

Wie du das Räucherritual begehst, erfährst du im Kapitel »Räucherrituale« (siehe S. 22).

Kurzübung

Schreibe alle destruktiven Gedanken, die dich daran hindern, deinen wahren Wünschen und Träumen zu folgen, auf einen Zettel. Zum Beispiel: »Ich kann das nicht, weil …«, »Ich habe keine Qualifikation für …« oder »Ich habe Angst davor, dass …« Nachdem du alles aufgeschrieben hast, nimm ein feuerfestes Gefäß, und verbrenne den Zettel darin. Verstreue die Asche dann in der Natur, und lasse alle negativen Gedanken mit ihr los.

Gans

2. Rauhnacht
25./26. Dezember – 1. Weihnachtstag

Heute und im Monat Februar geht es darum, dein Tun und dein Leben zu überdenken. Manches, was du tust, ist nicht mit deiner inneren Freude verbunden. Vielleicht lässt du dein Handeln zu sehr von deinen Verpflichtungen bestimmen. Nutze die heutige Tagesenergie, um zu überprüfen, wo in deinem Leben Freude und Leichtigkeit fehlen. Verbinde dich mit deiner inneren Freude, damit du stets nach ihr handelst.

Tagesqualität: Freude, Leichtigkeit

Legenden

In früheren Kulturen galt die Gans wie viele Vögel als übernatürlich, weil sie die Elemente Luft und Wasser vereint, da sie nicht nur fliegen, sondern auch schwimmen und tauchen kann. Zudem ist sie im Winter auf Wanderschaft, weswegen ihr auch die Fähigkeit zugesprochen wurde, die Tore zu den Welten hinter den Nebeln zu öffnen und in den verschiedenen Welten zu wandeln. In alten Sagen steht sie für Harmonie, Lebenskraft und Heilung, aber auch für Angriffslust, Streitsucht und Provokation. Außerdem überbringt sie Nachrichten. Sie ist ein Symbol für Wachsamkeit, Erneuerung und Gelehrsamkeit.

In der keltischen Mythologie galt die Gans als Begleiterin des Kriegsgottes und als magisches Tier. Zudem lasen die Druiden die Zukunft aus der Flugformation der Gänse. Da die Gans die Fähigkeit besitzt, auf dem Land zu wandeln, aber auch sehr hoch in die Lüfte zu steigen, vereint sie Mutter Erde und Vater Himmel und gilt als Bindeglied zwischen den beiden. Sie wird mit immerwährender Liebe und Treue assoziiert, da sie einen Partner fürs Leben wählt. In Schottland wurden wunderschöne, klar gezeichnete Gänse aus der Zeit der Pikten gefunden, die die Zeit bis heute überdauert haben. Übrigens: Auch unserer Frau Holle war die Gans heilig.

Botschaft der Gans

Meine Energie ist Freude und Leichtigkeit, und diese schenke ich dir. Durch sie findest du den Weg zu dir. Alles, was du tust, sollte mit Freude und Leichtigkeit geschehen, denn alles andere ist viel zu anstrengend und entspricht möglicherweise nicht deinem Weg. Es geht aber nicht darum, dass immer alles einfach ist, sondern darum, welche Energie du in etwas hineingibst. Deine Freude und Leichtigkeit helfen dir dabei, die richtige Entscheidung für dich zu treffen, nämlich jene, die dir entspricht. Es geht nicht darum, anderen zu gefallen, sondern dem Herzen zu folgen. Wann immer du Widerwillen verspürst und dein Herz nicht lachen kann, bist du nicht auf dem richtigen Weg. Überprüfe stets, was in dir passiert, wenn du an ein Vorhaben denkst. Empfindest du Freude? Fühlst du Liebe? Wenn dem nicht so ist, dann solltest du noch einmal prüfen, ob deine Pläne deine eigenen sind.

Frage dich:
* »In welchen Lebensbereichen brauche ich mehr Freude?«
* »Wo fehlt die Leichtigkeit?«
* »Gibt es Menschen, die mir meine Freude und Leichtigkeit nehmen?«
* »Worin möchte ich noch mehr Freude und Leichtigkeit spüren?«

Mache dir dazu Notizen, denn sie werden im Laufe des Jahres hilfreich sein.

Deine Antworten werden dir helfen, zu erkennen, in welchen Bereichen dir die Freude und Leichtigkeit fehlen. Ich werde dir immer dann zur Seite stehen, wenn Schwere dich begleitet. Verbinde dich in solchen Momenten mit mir, denn ich helfe dir, dich von allem, was dich belastet, zu lösen. Wenn du erkennst, dass es in deinem Leben einzig um dich und um deine Sicht auf die Dinge geht und nicht darum, anderen zu gefallen, und wenn du dich nicht von dem Gefühl leiten lässt, etwas tun zu MÜSSEN, dann wird dein Leben leichter. Ziehe heute die Freude in dein Leben.

Meditation

Schließe deine Augen, und atme ein paarmal tief ein und aus. Mit jedem Atemzug sinkst du tiefer in deine Innenwelt. Mit jedem Atemzug kommst du mehr bei dir an. Alle Gedanken, alles, was dich daran hindert, nun ganz bei dir zu sein, lässt du mit dem nächsten Atemzug los. Deine Gedanken sind unwichtig, denn jetzt sind deine Zeit und dein Raum. Atme noch einmal tief ein und aus. Anspannungen, die sich noch in deinem Körper befinden, atmest du einfach weg. Du wirst immer ruhiger. Alles, was sich im Außen befindet, ist bedeutungslos, nur du bist jetzt wichtig.

Vor deinem geistigen Auge erscheint nun eine Tür. Auch wenn du sie vielleicht nicht sehen kannst, wisse, sie ist da. Öffne diese Tür, und folge dem Weg, der sich dir jetzt zeigt. Er führt dich in einen Wald. Du kannst das Moos riechen, und eine magische Stille umgibt dich. Du hast keine Angst, denn du weißt, dass du behütet und beschützt bist. Der Weg führt dich immer tiefer in den Wald hinein. Du gelangst auf eine wunderschöne Waldlichtung. Sie ist ganz von einem warmen Licht erfüllt, und die Bäume bieten dir Schutz. Du fühlst dich mit der Natur verbunden und spürst, wie dich eine innere Ruhe erfüllt und du vollkommen loslassen kannst.

Du nimmst wahr, dass du nicht mehr allein bist, und aus dem Schatten der Bäume watschelt eine Gans auf dich zu. Ihr tanzender Gang beschwingt dich, und als sie vor dir stehen bleibt, sagt sie: »Wo ist deine Freude? Kannst du sie fühlen? Ich möchte dich heute mit ihr verbinden. Komm, steh auf, und tanz mit mir den Reigen des Lebens!« Du siehst, wie die Gans ihre Flügel ausbreitet und sich beschwingt im Kreis dreht. Sie fordert dich auf, es ihr gleichzutun, und plötzlich kannst du leise Musik hören, die dich beflügelt. Sie ist so leicht und liebevoll, dass sie dich im Herzen berührt. Dein Körper schwingt im Takt der Musik, du streckst deine Arme aus und drehst dich wie ein kleines Kind im Kreis. Es fühlt sich leicht an, und dein Herz lässt alle Schwere los. Du spürst ein inneres Lachen, eine Leichtigkeit, die einfach wunderbar ist. Auch dein Herz wird ganz leicht. Die Gans spricht zu dir: »Siehst du, wann immer du dich schwer fühlst, lasse einfach deinen Körper schwingen, und tanz. Es ist ganz einfach.« Dankbar streichelst du der Gans über ihr weiches Gefieder, und du nimmst die leichte, beschwingte Energie, die sich in dir ausgebreitet hat, in deinem ganzen Körper wahr. Die Gans verabschiedet sich von dir und verlässt die Waldlichtung.

Du bleibst noch einen Augenblick und nimmst ihre Energie noch einmal tief in dich auf. Neben dir liegt ein Geschenk, es ist ein Symbol für dein Gefühl. Was ist es? Hebe es auf, und mache dich dann auf den Rückweg. Wenn du wieder an der Tür angekommen bist, öffne sie, und komme mit dem nächsten Atemzug wieder ganz im Hier und Jetzt an.

Räucherwerk für die Gans

 1 Teil Beifuß
 2 Teile Fichtenharz
 1 Teil Rosenwurz
 1 Teil Mädesüß

Wie du das Räucherritual begehst, erfährst du im Kapitel »Räucherrituale« (siehe S. 22).

Kurzübung

Lege Musik auf, und breite deine Arme aus. Drehe dich im Kreis, tanze, und spüre die Freude und Leichtigkeit in dir. Probiere es einfach aus, auch wenn du denkst, dass Tanzen nichts für dich ist.

Eule

3. Rauhnacht
26./27. Dezember – 2. Weihnachtstag

Heute und auch im Monat März wird dich die Eule begleiten. Sie erinnert dich daran, dass du alles Wissen, was für dich und dein Leben wichtig ist, bereits in dir trägst. Die magische Energie der Eule erweckt deine eigene Magie, die schon lange in dir schlummert und nur darauf wartet, entfesselt zu werden.

Tagesqualität: Intuition, Weisheit, Magie

Legenden
Die Eule spielt in vielen Kulturen eine wichtige Rolle. Im Mittelalter galt sie als Begleiterin der Hexen und als schlechtes Omen.

Diesen Ruf erhielt sie aufgrund von Unwissenheit und Angst, da Eulen die Kunst der Weissagung beherrschen. Ihre Voraussagen sind nicht immer schön, weswegen diese wundervollen Lichtbringer lange Zeit dämonisiert wurden. Wenn wir uns jedoch die Legenden ansehen, wird deutlich, dass die Eule nicht nur an der Erschaffung der Welt beteiligt war, sondern dass sie bei den Kelten zu den ältesten Tieren dieser Erde zählte, die wir immer um Rat fragen können. Selbst die Legenden sagen nichts darüber, wie alt die Eulen sind und wann sie auf die Erde kamen. Folglich hatten sie den Kelten nach unfassbar viel erlebt und gesehen. Die Eule begleitet nicht nur die Priesterinnen und Druiden Avalons, sondern auch die keltische Göttin Cerridwen. Eine der bekanntesten Erzählungen der keltischen Mythologie, in der die Eule eine Rolle spielt, ist die über das Blütenmädchen Blodeuwedd. Sie wurde durch einen Zauber erschaffen, um den Sohn einer Göttin zu heiraten. Sie liebten sich, solange die Blumen blühten, doch als die Blüten welkten, entschied Blodeuwedd, einen neuen Geliebten zu wählen. Gemeinsam versuchten sie, den Ehemann zu töten, doch ihr Unternehmen misslang. Zur Strafe wurde Blodeuwedd in eine Eule verwandelt und konnte das Gesicht ihres Geliebten fortan nur noch bei Nacht sehen.

Die Eule ist mit allem verbunden. Sie trägt universelle Weisheit in sich und besitzt den Schlüssel zu vielen Geheimnissen. Die Eule ist ein Symbol für die Muttergöttin und verfügt über ein tiefes Wissen zwischen den Welten, um die Vergangenheit und Zukunft. Sie kann als eine Vermittlerin zwischen Himmel, Erde und den verschiedenen Welten gesehen werden. Ihre Gabe, in der Dunkelheit zu sehen und ihren Kopf um bis zu 270 Grad zu drehen, verleiht ihr Magie. Sie ist eng mit dem weiblichen Aspekt in uns verbunden, steht aber auch für Licht und Dunkelheit.

Botschaft der Eule

Ich stehe für Wissen und Weisheit, für alles, was ist, und alles, was schon immer war. Verbinde dich mit mir, und ich führe dich zu deinem inneren Wissen, zu deiner eigenen Weisheit, die tief in dir verborgen liegt. Alles, was für dich wichtig ist, ist in dir gespeichert, und du hast zu jeder Zeit die Möglichkeit, die Verbindung mit deiner inneren Weisheit aufzunehmen und alle Informationen abzurufen, die du für dich und deine Entwicklung brauchst. Wann immer du dir unsicher bist, was du wirklich möchtest, oder du nicht mehr weiterweißt, verbinde dich mit mir. Ich bringe dich zur Quelle deiner Seele, und so erfährst du, was du brauchst und was gut für dich ist. Ich stehe für den dritten Monat des Jahres, aber ich begleite dich auch über diesen Monat hinaus. Immer dann, wenn du nach einer Antwort suchst, bin ich für dich da. Mit mir an deiner Seite wirst du dir selbst und somit deinem inneren Wissen vertrauensvoll folgen. Es ist meine magische Weisheit, die dich mit deiner verwebt. Mache dir bewusst, was du wirklich in deinem Leben möchtest und was dir noch dienlich ist.

Frage dich:

* »Was bringt mein Herz zum Schwingen und erfüllt mich mit Liebe und Licht?«
* »In welche Bereiche meines Lebens möchte ich noch mehr Wissen ziehen?«

Mache dir dazu Notizen, denn sie werden im Laufe des Jahres hilfreich sein.

Die Antworten findest du nicht im Außen, sondern in dir. Der heutige Tag ist dazu da, dass du dich mit deiner inneren Weisheit verbindest und deine Wünsche und Träume nach ihren Antworten ausrichtest. Setze dich nicht unter Druck, sondern begib dich in die Schwingung des Himmels, und vertraue darauf, dass die Magie alles kann. Stelle dir vor, wie dir Flügel wachsen, die dich zum Himmel tragen. In dieser Schwingung ist alles möglich.

Meditation

Schließe deine Augen, und atme ein paarmal tief ein und aus. Mit jedem Atemzug sinkst du tiefer in deine Innenwelt. Mit jedem Atemzug kommst du mehr bei dir an. Alle Gedanken, alles, was dich daran hindert, nun ganz bei dir zu sein, lässt du mit dem nächsten Atemzug los. Deine Gedanken sind unwichtig, denn jetzt sind deine Zeit und dein Raum. Atme noch einmal tief ein und aus. Anspannungen, die sich noch in deinem Körper befinden, atmest du einfach weg. Du wirst immer ruhiger. Alles, was sich im Außen befindet, ist bedeutungslos, nur du bist jetzt wichtig.

Vor deinem geistigen Auge erscheint nun eine Tür. Auch wenn du sie vielleicht nicht sehen kannst, wisse, sie ist da. Öffne diese Tür, und folge dem Weg, der sich dir jetzt zeigt. Er führt dich in einen Wald. Du kannst das Moos riechen, und eine magische Stille umgibt dich. Du hast keine Angst, denn du weißt, dass du behütet und beschützt bist. Der Weg führt dich immer tiefer in den Wald hinein. Du gelangst auf eine wunderschöne Waldlichtung. Sie ist ganz von einem warmen Licht erfüllt, und die Bäume bieten dir Schutz. Du fühlst dich mit der Natur verbunden und spürst, wie dich eine innere Ruhe erfüllt und du vollkommen loslassen kannst.

Du nimmst wahr, dass du nicht mehr allein bist, und aus den Baumwipfeln gleitet eine Eule auf sanften Schwingen zu dir auf den Boden herab. Sie blickt dich mit wissenden Augen an, und du merkst, wie sie mit ihrem Blick tief in dich eintaucht und spürt, wer du bist. Auch du fühlst plötzlich diese Verbundenheit, die Verbundenheit mit dir. Die Eule spricht zu dir: »Geliebter Mensch! Ich bin hier, um dir eine Botschaft zu übermitteln, und möchte dich mit deinem inneren Wissen verbinden. Tief in dir ist eine Quelle, die mit allem verbunden ist und die alles Wissen in sich trägt, Wissen, aus deinen anderen Leben, aber auch universelles Wissen. Du kannst deine Weisheit nutzen, um deinen Weg im Licht zu gehen. Ich möchte dich hier und jetzt mit ihr verbinden. Es geht ganz leicht. Lausche einfach meiner Stimme, denn ich bringe dich nun zur Quelle deines Seins. Reise nun gemeinsam mit mir an deinen Ursprungsort. Ich bringe dich mit wenigen Flügelschlägen dorthin.«

Plötzlich befindest du dich in einer großen Bibliothek. Sie ist voller Bücher und Schriften. Die Eule sagt zu dir: »Blicke dich um. Hier findest du das gesamte universelle Wissen. Wann immer du eine Antwort suchst, egal, zu welchem Thema, dann wisse, dass du sie an diesem Ort findest. Du brauchst mich nur zu rufen, und ich werde dich hierher bringen. Berühre mich nun, und verbinde dich mit mir.« Ganz vorsichtig legst du deine Hände auf ihren Körper. Ihr Gefieder ist weich und flauschig, und du spürst, wie dich ein sanfter Lichtstrom durchflutet. Dein Körper, deine Seele und dein Geist sind nun im Einklang. Die Eule sagt: »Wenn du eine Frage hast, die dich schon lange interessiert, dann kannst du sie jetzt stellen. Ein Buch wird sich dir öffnen, und die Antwort wird zu dir kommen, wie auch immer sie aussehen mag. Möglicherweise erhältst du einen gedanklichen Impuls, oder du siehst Bilder. Vielleicht zeigt sich die Antwort aber auch später, in deinem Alltag. Sei offen für das, was kommt, und vertraue darauf, dass es genau das Richtige für dich ist.« Dankbar blickst du in die Augen der Eule. Sie sagt dir, dass es Zeit ist, zurückzukehren. Mit dem nächsten Atemzug befindest du dich wieder auf der Waldlichtung. Die Eule verabschiedet sich von dir und fliegt davon. Du bleibst noch einen Augenblick und nimmst ihre Energie noch einmal tief in dich auf. Neben dir liegt ein Geschenk, es ist ein Symbol für dein Gefühl. Was ist es? Hebe es auf, und mache dich dann auf den Rückweg. Wenn du wieder an der Tür angekommen bist, öffne sie, und komme mit dem nächsten Atemzug wieder ganz im Hier und Jetzt an.

Räucherwerk für die Eule

1 Teil Benzoe
1 Teil Mastix
1 Teil Alantwurzel
1 Teil Salbei

Wie du das Räucherritual begehst, erfährst du im Kapitel »Räucherrituale« (siehe S. 22).

Kurzübung

Achte heute ganz besonders auf dein Bauchgefühl. Was fühlt sich gut an und was nicht? Du kannst deine Intuition trainieren, indem du z. B., wenn das Telefon klingelt, versuchst, zu fühlen, ob eine Frau oder ein Mann anruft.

Falke

4. Rauhnacht
27./28. Dezember

Heute und auch im Monat April ist der Falke dein Begleiter. Er hilft dir, ins Vertrauen zu kommen. Seine Energie wird dich dabei unterstützen, an dich selbst zu glauben und dem universellen Fluss zu vertrauen. Es ist alles richtig, genau so, wie es ist. Lasse dich von diesem Wissen tragen.

Tagesqualität: Vertrauen, Glaube an sich selbst

Legenden
Der Falke ist Teil vieler Legenden der Kelten und Germanen. Die nordische Göttin Freya besitzt z. B. einen Mantel aus Falken-

federn, der ihr die Fähigkeit verleiht, sich in einen Falken zu verwandeln und durch die Lüfte zu gleiten. Bei den Kelten wurde der Falke als eines der ältesten Tiere angesehen. Der Sage nach überlebte der Gott Fintan, der auch »Sohn des Ozeans« genannt wird, als Einziger eine Flut, die alles Leben mit sich riss, und lebte die folgenden 5 500 Jahre in Gestalt verschiedenster Wesen. Dazu gehörte auch die des Falken. Durch seine Verwandlungen erlangte Fintan ein so großes Wissen wie kein anderer und konnte sich so mit dem Bewusstsein von Mutter Erde verbinden, das ein Abbild der Großen Göttin ist. In den Sagen kann der Falke zwischen den Welten reisen, begleitet Reisende in die Anderswelt und hinter die Nebel und trägt die Weisheit vom Anbeginn der Zeit in sich. Zudem hat er ein außerordentliches Gedächtnis. Auch die Göttin Cerridwen nimmt einer Legende nach die Gestalt des Falken an, und auch viele andere Göttinnen haben eine tiefe Verbindung zu ihm und können sich in ihn verwandeln. Der Falke trägt eine große Magie in sich. Er verbindet den Menschen mit seinen spirituellen Ahnen und unterstützt ihn, die richtigen Fragen zu stellen.

Botschaft des Falken

Ich ziehe meine Kreise über dir und sehe, was für ein wunderbares Wesen du bist und welch großartige Fähigkeiten du hast. Zweifle nicht an dir, und stelle dein Können nicht infrage. Mache es wie ich, und lasse dich tragen. Verbinde dich mit deinem göttlichen Ursprung und deiner Seele, und erkenne, dass alles möglich ist, wenn du einfach vertraust. Vertrauen bedeutet nicht, zu kontrollieren, sondern daran zu glauben, dass alles gut wird. Der magische Funke ist auch in dir, und darum ist alles gut, so, wie es ist. Solange du zweifelst und dir und anderen nicht vertraust, wirst du deine Einzigartigkeit nicht erkennen und annehmen können. Es ist jetzt an der Zeit, dass du dem universellen Fluss ganz vertraust und auch an deine Stärke glaubst. Es ist wichtig, dass du dir bewusst machst, dass du etwas Besonderes bist.

Frage dich:

* »Wo zweifle ich noch an mir?«
* »Wem vertraue ich?«
* »Vertraue ich meiner Intuition?«

Mache dir dazu Notizen, denn sie werden im Laufe des Jahres hilfreich sein.

Wenn du vertraust, ist vieles leichter in deinem Leben. Du kannst jedes Hindernis überwinden und jeden Disput überstehen, und selbst, wenn es einmal nicht so gut für dich läuft, so wirst du darauf vertrauen, dass am Ende alles gut ist. Auch wenn du einmal fällst, wird dich immer jemand auffangen.

Meditation

Schließe deine Augen, und atme ein paarmal tief ein und aus. Mit jedem Atemzug sinkst du tiefer in deine Innenwelt. Mit jedem Atemzug kommst du mehr bei dir an. Alle Gedanken, alles, was dich daran hindert, nun ganz bei dir zu sein, lässt du mit dem nächsten Atemzug los. Deine Gedanken sind unwichtig, denn jetzt sind deine Zeit und dein Raum. Atme noch einmal tief ein und aus. Anspannungen, die sich noch in deinem Körper befinden, atmest du einfach weg. Du wirst immer ruhiger. Alles, was sich im Außen befindet, ist bedeutungslos, nur du bist jetzt wichtig.

Vor deinem geistigen Auge erscheint nun eine Tür. Auch wenn du sie vielleicht nicht sehen kannst, wisse, sie ist da. Öffne diese Tür, und folge dem Weg, der sich dir jetzt zeigt. Er führt dich in einen Wald. Du kannst das Moos riechen, und eine magische Stille umgibt dich. Du hast keine Angst, denn du weißt, dass du behütet und beschützt bist. Der Weg führt dich immer tiefer in den Wald hinein. Du gelangst auf eine wunderschöne Waldlichtung. Sie ist ganz von einem warmen Licht erfüllt, und die Bäume bieten dir Schutz. Du fühlst dich mit der Natur verbunden und spürst, wie dich eine innere Ruhe erfüllt und du vollkommen loslassen kannst. Lege dich auf den Waldboden, und spüre das Moos unter deinem Körper. Es bettet dich weich, und dein Blick schweift hinauf zum blauen Himmel. Hoch über dir kannst du einen Falken erkennen, der gleichmäßig seine Runden zieht und sich mit ruhigen Flügelschlägen mit dem Wind treiben lässt. Er gleitet tiefer und setzt sich in einiger Entfernung von dir auf einen Ast. Seine Augen haben dich erfasst, und nun lässt er sich zu dir auf den Boden herabgleiten.

Langsam setzt du dich auf und blickst in die Augen dieses schönen Tieres. Du spürst seine Präsenz, seine Energie, die dich in deinem Inneren ergreift und dein Herz berührt. Der Falke spricht: »So oft in deinem Leben hast du das Vertrauen verloren, das Vertrauen in andere und auch in dich. Ich möchte dir heute Heilung schenken, sodass du in Zukunft uneingeschränkt vertrauen kannst. Löse dich aus den Fesseln deiner Erfahrungen, und werde dir deiner ganzen Größe bewusst. Komm, lass uns eine Reise unternehmen, eine Reise zu dir. Atme einmal tief ein, und wenn du ausatmest, befindest du dich wieder mitten in einem Erlebnis deines Lebens. Das Erlebnis erinnert dich an etwas, was dein Vertrauen in andere verloren gehen ließ. Du siehst jetzt eine bestimmte Person, und deine damaligen Gefühle breiten sich in dir aus. Schau, mit meinen Flügeln schlage ich dieses Erlebnis jetzt einfach fort. Ich gebe es in den Himmel, wenn du das willst. Es ist deine Entscheidung, diese Emotionen jetzt loszulassen.« Sofern du nun bereit bist, kannst du innerlich sagen: »Ich lasse sie los.« Der Falke sagt: »Ich zeige dir nun Bilder, die dich zeigen, wenn du dir selbst und anderen vertraust, wenn du den Kampf aufgibst.« Vor deinem geistigen Auge tauchen nun Bilder auf, die dich in Freude, in Liebe und in Leichtigkeit zeigen. Der Falke spricht: »Schau mich an, und erkenne, dass Vertrauen bedeutet, alle schweren Gedanken und alles, was dich belastet, loszulassen. Es geht darum, zu wissen, dass alles gut wird, und daran zu glauben. Ob es so wird, wie du es dir vorstellst, kann nicht gesagt werden, aber alles geschieht immer zu deinem Besten.« Du erkennst jetzt, dass es einfacher und schöner ist, im Vertrauen zu sein, und dein Herz ist von tiefer Liebe erfüllt. Du blickst den Falken an und dankst ihm für seine Worte und die Möglichkeit, zu spüren, wie es sich anfühlt, wenn du ins Vertrauen kommst. Der Falke verabschiedet sich von dir und erhebt sich in die Lüfte. Du bleibst noch einen Augenblick und nimmst seine Energie noch einmal tief in dich auf. Neben dir liegt ein Geschenk, es ist ein Symbol für dein Gefühl. Was ist es? Hebe es auf, und mache dich dann auf den Rückweg. Wenn du wieder an der Tür angekommen bist, öffne sie, und komme mit dem nächsten Atemzug wieder ganz im Hier und Jetzt an.

Räucherwerk für den Falken

½ Teil Tannennadeln
1 Teil Eisenkraut
1 Teil Myrrhe
1 Teil Mistel

Wie du das Räucherritual begehst, erfährst du im Kapitel »Räucherrituale« (siehe S. 22).

Kurzübung

Stelle dir vor, dass deine Wünsche und Träume in Erfüllung gehen. Wie fühlt sich das für dich an?

Schaf

5. Rauhnacht
28./29. Dezember

Heute und auch im Monat Mai geht es darum, dir deiner Stärke und Größe bewusst zu werden. Du hast das Recht, deinen Platz einzunehmen, doch dazu braucht es den Mut, zu dir und deinen Wünschen zu stehen. Das Schaf schenkt dir Durchsetzungsvermögen, wenn du dich von anderen übervorteilen lässt. Außerdem kannst du mit seiner Energie einen einzigartigen Erfolg erzielen.

Tagesqualität: Durchbruch, Durchsetzungsvermögen, den eigenen Platz einnehmen

Legenden

Es gibt leider nur wenige erhaltene Überlieferungen und Legenden zu Schafen, sicher ist jedoch, dass ihr Leben geschätzt und verehrt und das Schaf deswegen nur selten als Opfertier genutzt wurde. Es gibt den Mythos, dass Schafsknochen sprechen können, ihre ausgekochten Knochen galten früher als Orakel. Man warf sie auf den Boden und prophezeite anhand des gefallenen Musters die Zukunft. Der Widder begegnet uns etwas häufiger. Der keltische Gott Cernunnos hält auf mehr als einer Abbildung eine Schlange mit einem Widderkopf. Dies unterstreicht seine Stärke und Unbesiegbarkeit und verleiht ihm trotz der weiblichen Schlange eine unübersehbare Männlichkeit. Der Widder steht auch für Wachstum, Fruchtbarkeit, kriegerische Kraft und Durchsetzungsvermögen. Zudem ist der keltische Gott Teutates eng mit dem Widder verbunden. Er war der Stammesgott der Kelten und wurde auch als Vater aller bezeichnet. Widderhörner schmückten seinen Kopf, und er war der Gott der Weissagung. Er beschützt vor dunkler Magie, aber auch vor körperlicher Gewalt. Seine Fähigkeiten sind auch Attribute des Widders.

Botschaft des Schafs

Ich begleite dich heute, um dir mit meiner Energie zur Seite zu stehen. Ich möchte dich dabei unterstützen, zu dir zu stehen und selbstbewusst deinen eigenen Weg zu gehen. Heute geht es auch darum, dass du deine Gedanken aussprichst und deine Angst vor einer Zurückweisung ablegst. Möglicherweise hast du lange genug nach den Vorstellungen anderer gelebt. Nun geht es darum, dich zu fragen, was du willst. In deinem Leben geht es um DICH. Nimm deinen Platz ein, und stehe zu dir. Wenn du zweifelst, so mache dir bewusst, dass du mit mir an deiner Seite alles schaffen kannst.

Frage dich:

* »Wo fühle ich mich in meinem Leben zurückgewiesen?«
* »Wo stehe ich nicht zu mir und zu meinen Werten?«
* »In welchen Situationen nehme ich nicht meinen Platz ein?«

Mache dir dazu Notizen, denn sie werden dir im Laufe des Jahres hilfreich sein.

Mache dir nun bewusst, ob du etwas ändern möchtest. Du hast das Recht, deinen Platz einzunehmen, und kein anderer darf diesen Platz für sich beanspruchen! Stehe zu dir, und setze dich durch. So wirst du in vielen Bereichen Erfolg haben. Immer dann, wenn du merkst, dass du nicht nach deinen eigenen Vorstellungen lebst, mache dir meine Energie zu eigen, und folge wieder deinem Weg.

Meditation

Schließe deine Augen, und atme ein paarmal tief ein und aus. Mit jedem Atemzug sinkst du tiefer in deine Innenwelt. Mit jedem Atemzug kommst du mehr bei dir an. Alle Gedanken, alles, was dich daran hindert, nun ganz bei dir zu sein, lässt du mit dem nächsten Atemzug los. Deine Gedanken sind unwichtig, denn jetzt sind deine Zeit und dein Raum. Atme noch einmal tief ein und aus. Anspannungen, die sich noch in deinem Körper befinden, atmest du einfach weg. Du wirst immer ruhiger. Alles, was sich im Außen befindet, ist bedeutungslos, nur du bist jetzt wichtig.

Vor deinem geistigen Auge erscheint nun eine Tür. Auch wenn du sie vielleicht nicht sehen kannst, wisse, sie ist da. Öffne diese Tür, und folge dem Weg, der sich dir jetzt zeigt. Er führt dich in einen Wald. Du kannst das Moos riechen, und eine magische Stille umgibt dich. Du hast keine Angst, denn du weißt, dass du behütet und beschützt bist. Der Weg führt dich immer tiefer in den Wald hinein. Du gelangst auf eine wunderschöne Waldlichtung. Sie ist ganz von einem warmen Licht erfüllt, und die Bäume bieten dir Schutz. Du fühlst dich mit der Natur verbunden und spürst, wie dich eine innere Ruhe erfüllt und du vollkommen loslassen kannst.

Du nimmst wahr, dass du nicht mehr allein bist. In einiger Entfernung kannst du zwischen den Bäumen einen Schafbock erkennen. Du siehst, dass er auf dich zukommt. Seine Hörner sind mächtig und imposant, ebenso wie seine Statur. Vor dir bleibt er stehen und spricht: »Ich bin dein Begleiter, und ich möchte dir helfen, zu dir zu stehen. Es geht im Leben nicht darum, anderen zu folgen, sondern etwas Eigenes zu erschaffen. Dafür muss man manchmal für sich einstehen und sich gegebenenfalls auch durchsetzen. Ich möchte dir heute dabei helfen, zu erkennen, wo du dich noch nicht richtig durchsetzen kannst, in welchen Bereichen deines Lebens du immer wieder nachgibst. Schließe deine Augen, und stelle dir eine Situation vor, in der du deine Meinung nicht kundtust, möglicherweise, weil du dich klein fühlst. Jetzt stelle dir dein Gegenüber vor, und sprich einfach einmal das aus, was du schon immer sagen wolltest. Wie fühlt sich das an? Fühlst du dich gut? Du kannst auch hören, was dein Gegenüber sagt. Fällt dir dies schwer, dann wisse: Ich bin bei dir und helfe dir. Nimm wahr, was du in deinem Herzen spürst, und lasse dir Zeit. Wenn du alles ausgesprochen hast, richte deine Aufmerksamkeit wieder auf die Waldlichtung.« Du öffnest wieder deine Augen und siehst, dass der Schafbock vor dir steht und dir in die Augen blickt. Seine Kraft ist für dich spürbar. Berühre nun seine Hörner, und fahre langsam darüber. Du nimmst wahr, wie seine Stärke und Kraft in dein Inneres hineinströmen. Es fühlt sich gut an. Du bedankst dich bei dem Schafbock für seine Hilfe, und er verlässt die Waldlichtung.

Du bleibst noch einen Augenblick und nimmst seine Energie noch einmal tief in dich auf. Neben dir liegt ein Geschenk, es ist ein Symbol für dein Gefühl. Was ist es? Hebe es auf, und mache dich dann auf den Rückweg. Wenn du wieder an der Tür angekommen bist, öffne sie, und komme mit dem nächsten Atemzug wieder ganz im Hier und Jetzt an.

Räucherwerk für das Schaf

3 Teile Weihrauch
1 Teil Zimtrinde
1 Teil Kardamomsamen

Wie du das Räucherritual begehst, erfährst du im Kapitel »Räucherrituale« (siehe S. 22).

Kurzübung

Suche dir heute eine Identität, die dir Kraft und Stärke gibt. Formuliere Worte, die dir diese Identität verleihen, z.B.: »Ich bin die, die ihren Platz einnimmt!« oder: »Ich bin eine Königin!« Stelle dich dann aufrecht hin, und sprich jedes Wort laut aus. Spüre, wie sich dein Körper anfühlt und wie deine neue Identität dir Kraft gibt.

Hase

6. Rauhnacht
29./30. Dezember

Heute und im Monat Juni geht es um das Loslassen. Es ist wichtig, dass du dir heute Gedanken darüber machst, worauf du deine Aufmerksamkeit im kommenden Jahr richten möchtest und was du loslassen willst. Das können Gewohnheiten, Menschen oder Erinnerungen sein. Räume innerlich auf, und mache dir bewusst, dass du anderen nicht gefallen musst. Es gibt ein unsichtbares Band, das dich mit allem verbindet, sodass du niemals allein bist – egal, was im Außen passiert.

Tagesqualität: Loslassen, Vergebung, Familie, Liebe schenken

Legenden

Der Hase galt früher als heiliges Tier, und er steht in enger Verbindung mit den Göttinnen der Kelten. Neben rituellen Gegenständen kann man in alten Gräbern oft auch Hasenknochen finden. Der Hase sollte dem Verstorbenen die Kraft schenken, sich nach dem Tod mit der Großen Göttin zu verbinden, um die Welten auf machtvolle und starke Weise zu erleben. Außerdem stellt er Kontakt zur eigenen unsterblichen Seele her. Über den Hasen und seine Lebensweise war in früherer Zeit nur wenig bekannt. Oft wurde er nur in hellen Vollmondnächten gesehen, weswegen er mit dem Mond und dessen Zauberkraft in Verbindung gebracht wurde. Dies machte ihn zu einer magischen Kreatur. Der Hase steht für Fruchtbarkeit, Glück, Heilung, inneres Gleichgewicht, Kraft, Licht in der Finsternis, Wachsamkeit, Besonnenheit, Wachstum, Wiedergeburt und Unsterblichkeit. In der keltischen Mythologie ist der Hase, der den Vollmond ansieht, ein Vorzeichen für die wahre Liebe. Als die Göttin Cerridwen ihren Gehilfen Gwion Bach verfolgte, verwandelte sie sich unter anderem auch in einen Hasen. Doch nicht nur Göttinnen, sondern auch Feen und Ahninnen verwandeln sich in das Tier. Aus diesem Grund war der Verzehr des Hasen in Großbritannien lange verboten. Der Legende nach verwandelte die Göttin Ostara einst einen halb erfrorenen kleinen Vogel in einen Hasen, der uns zu Frühlingsbeginn mit seinem Fellwechsel daran erinnert, dass der Winter vorüber ist. Der Hase steht im Frühling für Fruchtbarkeit, Lebendigkeit und Lebenskraft und im Sommer und Herbst für eine reife, gute und saftige Ernte. Dies sind auch die Attribute der Großen Göttin.

Botschaft des Hasen

Ich stehe für die Gemeinschaft und die Familie, und ich möchte dir helfen, wenn du dich einsam oder nicht angenommen fühlst. Mir geht es darum, dass du erkennst, dass es immer jemanden gibt, dem du wichtig bist. Auch wenn du jetzt womöglich denkst, dass dies nicht so ist, wisse, dass die Liebe und meine Energie immer bei dir sind. Heute ist es Zeit, alte Gewohnheiten abzulegen und mit allem, was dich belastet, Frieden zu schließen. Suche all jene auf, die dir wichtig sind: deine Freunde, deine Familie, deine Tiere. Du musst es nicht physisch tun – wenn du dich in Gedanken mit ihnen verbindest, reicht das völlig aus. Falls du innerlich gegen alte Verletzungen und destruktive Energien ankämpfst, so hast du heute die Gelegenheit, Frieden zu finden. Vergib den anderen und auch dir selbst. Es geht nicht darum, dass du etwas für gut befindest, sondern darum, dass du Frieden schließt. Erst wenn dir das gelingt, wird Ruhe in deinem Herzen einkehren. Es ist vielleicht nicht einfach, doch ich helfe dir dabei.

Frage dich:

* »Wem oder was schenke ich meine Aufmerksamkeit?«
* »Gibt es etwas, was ich mir nicht verzeihen kann?«
* »Gibt es etwas, was mir auf der Seele liegt und was ich aussprechen möchte?«
* »Wem möchte ich noch mehr Liebe schenken?«

Mache dir dazu Notizen, denn sie werden dir im Laufe des Jahres hilfreich sein.

Wenn du den Mut hast, zu verzeihen, dann werden dich deine Gedanken über eine Person oder über ein Ereignis nicht weiter belasten. Sie werden dein Leben nicht mehr beherrschen, und das macht dich frei. Stelle dir vor, wie schön es wäre, wenn du endlich wieder ganz du selbst wärst. Falls du Angst hast, dass man dich zurückweist oder du dann allein bist, so möchte ich dir sagen: Du bist es nicht. Zeige deinen Freunden, deiner Familie, all jenen, die dir wichtig sind, wie lieb du sie hast. Schenke ihnen deine Zeit und Aufmerksamkeit.

Meditation

Schließe deine Augen, und atme ein paarmal tief ein und aus. Mit jedem Atemzug sinkst du tiefer in deine Innenwelt. Mit jedem Atemzug kommst du mehr bei dir an. Alle Gedanken, alles, was dich daran hindert, nun ganz bei dir zu sein, lässt du mit dem nächsten Atemzug los. Deine Gedanken sind unwichtig, denn jetzt sind deine Zeit und dein Raum. Atme noch einmal tief ein und aus. Anspannungen, die sich noch in deinem Körper befinden, atmest du einfach weg. Du wirst immer ruhiger. Alles, was sich im Außen befindet, ist bedeutungslos, nur du bist jetzt wichtig.

Vor deinem geistigen Auge erscheint nun eine Tür. Auch wenn du sie vielleicht nicht sehen kannst, wisse, sie ist da. Öffne diese Tür, und folge dem Weg, der sich dir jetzt zeigt. Er führt dich in einen Wald. Du kannst das Moos riechen, und eine magische Stille umgibt dich. Du hast keine Angst, denn du weißt, dass du behütet und beschützt bist. Der Weg führt dich immer tiefer in den Wald hinein. Du gelangst auf eine wunderschöne Waldlichtung. Sie ist ganz von einem warmen Licht erfüllt, und die Bäume bieten dir Schutz. Du fühlst dich mit der Natur verbunden und spürst, wie dich eine innere Ruhe erfüllt und du vollkommen loslassen kannst. Du setzt dich ins weiche Gras und genießt die vollkommene Stille.

Plötzlich nimmst du wahr, dass du nicht mehr allein bist. Ein Hase hoppelt aus dem Schatten der Bäume auf dich zu. Zu deiner Überraschung springt er auf deinen Schoß, und du kannst sein weiches Fell spüren. Er sagt zu dir: »Wann immer du dich einsam fühlst, verbinde dich mit mir und meiner Energie. Ich werde dir ein Gefühl von Gemeinschaft schenken, und so wirst du dich nie allein fühlen. Schließe jetzt deine Augen, und blicke tief in dein Herz. Lasse die Bilder, die dich verfolgen, vor deinem inneren Auge entstehen, und schließe deinen Frieden mit allem, was dich verletzt hat. Erkenne, dass du auch aus diesen Situationen etwas gelernt hast. Vielleicht weißt du schon, was es ist, und wenn nicht, dann wird es dir zur richtigen Zeit klar werden. Beobachte die Bilder, aber halte nicht daran fest. Bewerte sie nicht, sondern sieh sie einfach nur an.« Du spürst jetzt, wie der Hase deine Hände mit seinen

Pfoten berührt. Silbernes, funkelndes Licht fließt aus ihnen in deine Hände hinein. Du fühlst, wie diese Energie in deinen Körper strömt und jede Zelle deines Körpers erfüllt. Du merkst jetzt, dass auch dein Herz leichter wird und dass die Bilder, die sich dir gezeigt haben, auf einmal an Bedeutung verlieren. Es ist ein wundervolles und schönes Gefühl. Du bist glücklich, weil du dich mit einem Mal so leicht fühlst. Gleichzeitig merkst du auch, wie sich deine Energie verändert. Du fühlst dich sicher und geborgen. Es kommt dir vor, als würdest du von Liebe getragen. Der Hase spricht: »Wann immer du dich einsam fühlst, ist in deinem Herzen etwas nicht in Ordnung. Oft belastet dich dann etwas, was du vergeben und loslassen solltest. Das kann ganz einfach und schnell gehen, wenn du es zulässt. Rufe nach mir, wenn du Hilfe brauchst.« Du spürst, wie der Hase von deinem Schoß springt. Dankbar öffnest du deine Augen. Du schaust dich um und erblickst eine große Hasenfamilie, die in einem Kreis um dich herum sitzt. Tiefe Liebe erfüllt dich, und du siehst vor dir ein Geschenk liegen. Was ist es? Hebe es auf. Das Geschenk wird dich immer, wenn du dich einsam oder verletzt fühlst, daran erinnern, dass du niemals allein bist. Bedanke dich bei den Hasen für ihre Unterstützung. Mache dich dann auf den Rückweg. Wenn du wieder an der Tür angekommen bist, öffne sie, und komme mit dem nächsten Atemzug wieder ganz im Hier und Jetzt an.

Räucherwerk für den Hasen

1 Teil Mistel
1 Teil Wurmfarnwedel
1 Teil Birkenrinde
3 Teile Weihrauch

Wie du das Räucherritual begehst, erfährst du im Kapitel »Räucherrituale« (siehe S. 22).

Kurzübung

Schreibe auf einen Zettel die Namen aller Menschen, die du verletzt hast oder die dir wehgetan haben. Sage dann: »Ich vergebe mir, dass ich dir wehgetan habe. Bitte, … (Name einsetzen), vergib mir. Ich vergebe dir, … (Name einsetzen), dass du mir wehgetan hast.« Dann verbrenne den Zettel in einem feuerfesten Gefäß, und verstreue die Asche, wenn sie abgekühlt ist, in der Natur.

Wildschwein

7. Rauhnacht
30./31. Dezember

Heute und auch im Monat Juli geht es um Reflexion. Vertraust du schon deiner inneren Führung? Die Energie des Wildschweins wird dich dabei unterstützen, auf deine innere Stimme zu hören und ihr zu vertrauen. Du bist ein kraftvolles Wesen und trägst etwas zur Schöpfung bei. Welche deiner Gaben möchtest du stärken und in deinem Leben verankern? Werde dir ihrer bewusst.

Tagesqualität: innere Führung, zur eigenen Kraft stehen, Qualitäten erkennen

Legenden

Um das Wildschwein ranken sich einige alte Legenden. Die nordische Göttin Freya reitet z. B. ein Kampfschwein namens Hildisvini. Es hat goldene Borsten und wurde von den Zwergen für die Göttin erschaffen. Auch bei den Kelten hatte das Wildschwein Bedeutung: Seine Knochen, Borsten und Hauer wurden als Grabbeigabe verwendet, um den Verstorbenen seine unfassbare Kraft mitzugeben und es ihnen so zu ermöglichen, diese Energie für sich zu nutzen. Außerdem galt der Eber bei den Kelten als Biest aus der Anderswelt, das in den Tiefen des Waldes lebte und die Tore zwischen den Welten passieren konnte. Den alten Legenden nach besitzt der keltische Gott Dagda magische Schweine, die am Abend verspeist werden und am kommenden Tag wieder für ein neues Festmahl bereitstehen. Zudem galt die Haut des Wildschweins als so heilsam, dass sie Verletzungen und Seuchen heilen konnte. Der Eber wurde auch der Großen Göttin geweiht, obwohl ein Teil von ihr die Sau verkörpert. Das Wildschwein steht für männliche impulsive Kraft, für Sexualität und Klugheit. Es verkörpert aber auch die Aspekte Geschwindigkeit, Widerstandsfähigkeit, Durchsetzungsvermögen und innere Größe. Die bekannteste magische Sau der Kelten ist Hen Wen, ein unfassbar weises Tier, das in die Zukunft blicken konnte. Der Sage nach gebar sie einen Wolf, einen Adler und eine riesige Katze. Die Wildsau symbolisiert Mütterlichkeit, Sorge und das nährende Prinzip.

Botschaft des Wildschweins

Meine Energie und meine Kraft helfen dir dabei, deiner inneren Stimme zu vertrauen. Von ihr kannst du alles erfahren, was du möchtest. Wenn du ihr zuhörst und dich von ihr führen lässt, wirst du in deiner wahren Kraft stehen. Du bist vollkommen, und es ist alles da, was du brauchst. Suche nicht im Außen nach Antworten, sondern suche sie in dir. Sie sind da, und wenn du ganz leise bist, wirst du sie auch hören. Vertraue deiner inneren Führung und Kraft, deiner Verbindung zu dir selbst, so wirst du all das Gute in dir sehen können und es auch nach außen tragen. Ich bin mit meiner Energie bei dir. Immer, wenn du mich brauchst, erinnere ich dich an deine Kraft und Stärke, an deine innere Führung.

Frage dich:

* »Vertraue ich meiner inneren Führung?«
* »Fühle ich mich kraftvoll und stark?«
* »Welche Qualitäten habe ich?«

Mache dir dazu Notizen, denn sie werden im Laufe des Jahres hilfreich sein.

Wenn du die Antworten auf diese Fragen gefunden hast, erkennst du, was dir womöglich noch fehlt. Es geht in deinem Leben nicht darum, dass du dich kleinmachst, sondern darum, dass du deine wahre Größe zeigst und lebst. Sie ist in dir. Nun gilt es, sie zu erkennen, anzunehmen und zu leben. Habe Mut, und verbinde dich mit deiner Quelle. Dann kannst du dir alles aneignen, was du benötigst, und das verändern, was noch verändert werden muss. Deine Quelle möchte immer nur dein Bestes, darum höre ihr gut zu, und vertraue darauf, dass sie die Antworten kennt. Habe den Mut, deine Qualitäten zu zeigen.

Meditation

Schließe deine Augen, und atme ein paarmal tief ein und aus. Mit jedem Atemzug sinkst du tiefer in deine Innenwelt. Mit jedem Atemzug kommst du mehr bei dir an. Alle Gedanken, alles, was dich daran hindert, nun ganz bei dir zu sein, lässt du mit dem nächsten Atemzug los. Deine Gedanken sind unwichtig, denn jetzt sind deine Zeit und dein Raum. Atme noch einmal tief ein und aus. Anspannungen, die sich noch in deinem Körper befinden, atmest du einfach weg. Du wirst immer ruhiger. Alles, was sich im Außen befindet, ist bedeutungslos, nur du bist jetzt wichtig.

Vor deinem geistigen Auge erscheint nun eine Tür. Auch wenn du sie vielleicht nicht sehen kannst, wisse, sie ist da. Öffne diese Tür, und folge dem Weg, der sich dir jetzt zeigt. Er führt dich in einen Wald. Du kannst das Moos riechen, und eine magische Stille umgibt dich. Du hast keine Angst, denn du weißt, dass du behütet und beschützt bist. Der Weg führt dich immer tiefer in den Wald hinein. Du gelangst auf eine wunderschöne Waldlichtung. Sie ist ganz von einem warmen Licht erfüllt, und die Bäume bieten dir Schutz. Du fühlst dich mit der Natur verbunden und spürst, wie dich eine innere Ruhe erfüllt und du vollkommen loslassen kannst.

Du nimmst wahr, dass du nicht mehr allein bist. Ein Wildschwein betritt die Lichtung und kommt langsam auf dich zu. Es wirkt nicht bedrohlich, sondern freundlich, und so bist du innerlich ganz ruhig. Es bleibt vor dir stehen und spricht: »Ich bin hier, weil ich dir sagen möchte, dass alles, wonach du suchst, in deinem Inneren ist. Du findest dort all deine Antworten und alles, was dir wichtig ist. Ich möchte dir heute helfen, deine innere Führung zu visualisieren, damit du dich immer mit ihr verbinden kannst. Komm, ich bringe dich zu ihr.« Gemeinsam mit dem Wildschwein folgst du dem Weg tiefer in den Wald hinein, bis ihr an einer Quelle ankommt. Das Wasser ist rein und klar. Du schaust in das Wasser und fühlst, wie du wie von einem Sog in die Tiefe gezogen wirst. Du bist jetzt an einem dir angenehmen Ort und spürst, dass du dort nicht allein bist. Schaue dich um, wer zeigt sich dir? Das ist deine innere Führung, deine innere Stimme. Vielleicht möchtest du sie etwas fragen. Nun hast du die Gelegenheit, das zu tun.

Wenn du alle Antworten auf deine Fragen erhalten hast, bedanke dich bei ihr. Wisse, dass du zu jeder Zeit, wann immer dir eine Frage auf der Seele brennt, wieder an diesen Ort zurückkehren kannst. Du spürst jetzt, wie dich das Wildschwein anstupst, und du nimmst wahr, dass du wieder vor der Quelle stehst. Gemeinsam kehrt ihr auf die Waldlichtung zurück. Das Wildschwein sagt: »Egal, was ist, du bist stark, und deine innere Führung leitet dich!« Bedanke dich nun beim Wildschwein für seine Hilfe und Anwesenheit. Es verabschiedet sich von dir und verlässt die Waldlichtung.

Du bleibst noch einen Augenblick und nimmst seine Energie noch einmal tief in dich auf. Neben dir liegt ein Geschenk, es ist ein Symbol für dein Gefühl. Was ist es? Hebe es auf, und mache dich dann auf den Rückweg. Wenn du wieder an der Tür angekommen bist, öffne sie, und komme mit dem nächsten Atemzug wieder ganz im Hier und Jetzt an.

Räucherwerk für das Wildschwein

½ Teil Orangenschale
1 Teil Rosenblätter
1 Teil Beifuß
1 Teil Benzoe

Wie du das Räucherritual begehst, erfährst du im Kapitel »Räucherrituale« (siehe S. 22).

Kurzübung

Atme ein paarmal tief ein und wieder aus. Konzentriere dich einzig auf deinen Atemfluss. Falls deine Gedanken abschweifen, hole sie sanft wieder zurück, indem du dich auf deine Atmung konzentrierst. Sobald es ganz still in dir ist, stelle eine Frage. Die Antwort kann in Form von Bildern, Gefühlen oder Worten zu dir gelangen. Schreibe die Antwort auf, und bewerte sie nicht. Dadurch lernst du, deiner inneren Führung zu vertrauen.

Rabe

8. Rauhnacht
31. Dezember/1. Januar – Silvester

In der Silvesternacht sind die Tore zur Anderswelt ganz weit geöffnet. Nutze diese Rauhnacht, um deine Zukunft zu kreieren und deine Wünsche wahr werden zu lassen. Wünsche auch anderen Glück, denn es macht glücklich, großzügig Freude zu teilen. Schreibe heute deine Träume auf. Vielleicht erhältst du auch ein Geschenk oder Impulse. Notiere sie alle, denn heute definierst du deine Ziele und säst so die Samen für deine Zukunft. Der Rabe steht auch für den Monat August und wird dich in dieser Zeit ganz besonders unterstützen.

Tagesqualität: Neubeginn, Visionen, Zukunft

Legenden

Der Rabe ist aus den nordischen und keltischen Legenden nicht wegzudenken. In der nordischen Mythologie hat der Gott Odin zwei Raben als Begleiter. Sie heißen Hugin und Munin, was übersetzt »Gedanke« und »Erinnerung« heißt. Die beiden fliegen morgens aus und ziehen ihre Kreise über den Welten, sie reisen auch in die Vergangenheit und Zukunft. Dann kehren sie mit ihrem Wissen und ihren Prophezeiungen zu Odin zurück und berichten ihm davon. Sie sind das Bindeglied zwischen der Anderswelt, der Welt hinter den Nebeln, den Dimensionen und dem Hier und Jetzt. In den Sagen symbolisiert der Rabe Fruchtbarkeit, ein langes Leben, Schutz, das Gleichgewicht der Kräfte, übersinnliche Begabungen, Visionen sowie Leben und Tod. Wenn er erscheint, ist dies ein Zeichen dafür, dass eine Einweihung bevorsteht. Der Rabe ist untrennbar mit den verschiedensten nordischen Gottheiten verwoben. Die Magie dieses treuen Begleiters steht den Göttern uneingeschränkt zur Verfügung, jedoch verwandeln sie sich nie in ihn.

Auch in der keltischen Mythologie warnt der Rabe den keltischen Gott Lugh vor der Ankunft seiner Feinde, damit er wie Odin immer vorbereitet ist. Die Raben unterstützen die Fähigkeiten der Götter, damit diese sie noch besser einsetzen können.

Der Sage nach verwandelte sich König Artus nach seiner letzten Schlacht in einen Raben, um fortan in dieser Gestalt auf ein Zeichen für seine Rückkehr als größter König aller Zeiten zu warten. Aus diesem Grund war es in Cornwall im Mittelalter verboten, Raben zu töten. Die Gebrüder Grimm haben die Vögel mit dem Märchen »Die sieben Raben« in unsere Kinderzimmer getragen und lehrten uns, dass wir mit Liebe, Leidenschaft und dem Streben nach der Erfüllung unserer Träume den Zauber von Wundern erleben und Wünsche wahr werden lassen können.

Botschaft des Raben

Als magisch und mystisch werde ich oft bezeichnet, und viele Menschen sehen mich als schlechtes Omen oder Unglücksbringer. Ich aber bin die Energie, die dich mit deinen Ahnen verbindet und dir die Tore zur Anderswelt öffnet. Ich ermögliche dir den Zugang zu allem, was entstehen möchte, denn ich trage dich mit meiner magischen Energie in die Zukunft. Verbinde dich heute mit mir. Lasse dich von mir führen, und sei offen für alles Neue, was entstehen mag. Sei bereit für einen Neubeginn, für den nächsten Schritt. Ich helfe dir dabei, deinen Mut und deine Stärke zu aktivieren, damit du frei von Ängsten bist. Mit meiner Energie wird dies alles ganz leicht gelingen. Ich freue mich, dass wir nun gemeinsam diesen Weg gehen.

Frage dich:

* »Was möchte ich im kommenden Jahr erreichen, und wer möchte ich sein?«
* »Was ist mir wichtig, und wovon möchte ich mich jetzt verabschieden?«
* »Was ist der nächste Schritt?«

* »Wer kann mich auf meinem Weg unterstützen?«
* »Wer hindert mich an meinem Voranschreiten?«

Mache dir dazu Notizen, denn sie werden im Laufe des Jahres hilfreich sein.

Wann immer du im kommenden Jahr vor einem Neuanfang stehst, wann immer du ein neues Projekt starten möchtest, verbinde dich mit meiner Energie. Ich werde dir den Weg weisen und dir dabei helfen, ganz bei dir zu bleiben und an deine Ziele zu glauben. Du kannst alles erreichen, wenn du auf dein Ziel fokussiert bist und dich nicht fragst, was dir für die Verwirklichung fehlt. Ein Neubeginn geht immer auch mit einem Abschied einher, und auch hier werde ich bei dir sein. Abschiede müssen kein negatives Erlebnis sein, wenn man sich bewusst macht, dass nach jedem Abschied etwas Neues entsteht. Machen wir gemeinsam voller Vertrauen den nächsten Schritt. Sei bereit für deine Visionen und deinen Neuanfang.

Meditation

Schließe deine Augen, und atme ein paarmal tief ein und aus. Mit jedem Atemzug sinkst du tiefer in deine Innenwelt. Mit jedem Atemzug kommst du mehr bei dir an. Alle Gedanken, alles, was dich daran hindert, nun ganz bei dir zu sein, lässt du mit dem nächsten Atemzug los. Deine Gedanken sind unwichtig, denn jetzt sind deine Zeit und dein Raum. Atme noch einmal tief ein und aus. Anspannungen, die sich noch in deinem Körper befinden, atmest du einfach weg. Du wirst immer ruhiger. Alles, was sich im Außen befindet, ist bedeutungslos, nur du bist jetzt wichtig.

Vor deinem geistigen Auge erscheint nun eine Tür. Auch wenn du sie vielleicht nicht sehen kannst, wisse, sie ist da. Öffne diese Tür, und folge dem Weg, der sich dir jetzt zeigt. Er führt dich in einen nächtlichen Wald. Du kannst das Moos riechen, und eine magische Stille umgibt dich. Du hast keine Angst, denn du weißt, dass du behütet und beschützt bist. Der Weg führt dich immer tiefer in den Wald hinein. Du gelangst auf eine wunderschöne Waldlichtung. Sie ist ganz von silbernem Mondlicht erfüllt, und die Bäume bieten dir Schutz. Du fühlst dich mit der Natur verbunden und spürst, wie dich eine innere Ruhe erfüllt und du vollkommen loslassen kannst.

Du nimmst wahr, dass du nicht mehr allein bist, und siehst dich um. Auf einem Ast kannst du einen Raben erkennen. Sein schwarzes Gefieder glitzert und schimmert im Mondschein. Du beobachtest, wie der Rabe seine Flügel ausbreitet und langsam zu Boden gleitet. Er landet direkt vor dir. Seine Augen blicken dich an, und du merkst, dass er deine Seele sehen kann. Er weiß, wer du bist, obwohl du noch kein einziges Wort gesagt hast. Er spricht: »Bist du bereit, mit mir hinter die Nebel zu blicken und deine Zukunft zu erspähen? Bist du bereit, mit deinen Ahnen und all deinen Helfern in Kontakt zu treten? Wenn ja, dann komm mit mir. Schließ deine Augen, und lass dich von meiner Energie tragen.« Du spürst, dass dein Bewusstsein den Boden verlässt und immer höher in die Lüfte getragen wird. Du hast keine Angst, denn ein unsichtbares Band hält dich, und der Rabe ist direkt an deiner Seite. Du weißt, dass dir nichts passieren kann. Es fühlt sich an, als würdest du fliegen, und du spürst, wie der Wind sanft dein Gesicht umstreicht. Der Rabe fragt dich erneut:

»Bist du bereit?« Sobald du ein Ja in dir spürst, erkennst du eine Nebelwand vor dir. Ihr schwebt auf sie zu und dann durch sie hindurch. Auf der anderen Seite der Nebelwand siehst du dich und deine verwirklichten Träume. Alles, was du wirklich wolltest, hat sich erfüllt. Du kannst sehen und auch spüren, wie es sich anfühlt. Nimm wahr, wie es dir geht. Was empfindest du, wenn du dich in deiner eigenen Zukunft siehst. Bist du glücklich? Der Rabe sagt zu dir: »Alles, was du dir erträumst, kann Wirklichkeit werden, wenn du es aus tiefstem Herzen willst. Spüre jetzt in dich hinein, und verwandle die Vision so, dass es sich für dich wundervoll anfühlt. Nun hast du die Gelegenheit dazu.« Du bist dankbar, und Glück erfüllt dein Herz. Plötzlich erkennst du deine himmlischen Helfer, siehst, wie sie dir zulächeln, und du spürst, dass sie hinter dir stehen. Der Rabe spricht: »Es ist Zeit, zu gehen. Erinnere dich immer wieder an deine Zukunft und daran, wie es sich für dich angefühlt hat, deine Wünsche erfüllt zu sehen.« Du merkst, dass du wieder zurückgezogen wirst, zurück in deinen Körper, der sich immer noch auf der Waldlichtung befindet. Du öffnest deine Augen. Der Rabe verlässt die Waldlichtung. Du bleibst noch einen Augenblick und nimmst seine Energie noch einmal tief in dich auf. Neben dir liegt ein Geschenk, es ist ein Symbol für dein Gefühl. Was ist es? Hebe es auf, und mache dich dann auf den Rückweg. Wenn du wieder an der Tür angekommen bist, öffne sie, und komme mit dem nächsten Atemzug wieder ganz im Hier und Jetzt an.

Räucherwerk für den Raben

½ Teil Fichtennadeln
1 Teil Wacholderspitzen
1 Teil Mistel
1 Teil Beifuß
2 Teile Fichtenharz

Wie du das Räucherritual begehst, erfährst du im Kapitel »Räucherrituale« (siehe S. 22).

Kurzübung

Mache dir bewusst, was du dir wünschst und was dein Ziel ist. Stelle dir vor, wie es sich anfühlt, wenn du dein Ziel erreicht hast. Welche Gefühle hast du dabei? Versuche, sie dir so gut es geht vorzustellen. Wie glücklich bist du, wenn sich dein Wunsch erfüllt hat? Erinnere dich so oft wie möglich an deine Vision.

Eichhörnchen

9. Rauhnacht

1./2. Januar

Heute und auch im Monat September begleitet dich das Eichhörnchen mit seiner Energie. Immer dann, wenn du nicht an dich glaubst oder deine wahre Größe nicht lebst, hilft dir das Eichhörnchen. Es ist wichtig, dass du dir immer wieder bewusst machst, dass du die Größe und Stärke besitzt, alle inneren Hindernisse aus dem Weg zu räumen.

Tagesqualität: Größe erkennen, Glaubenssätze auflösen

Legenden

Das Eichhörnchen ist Teil der nordischen Mythologie. Im Weltenbaum Yggdrasil leben einige Tiere, darunter auch das Eichhörnchen Ratatöskr. Seine Geschicklichkeit, seine Schnelligkeit und seine Fähigkeit, in der Baumkrone die Balance zu halten, machen es zu einem perfekten Boten. Es flitzt den unglaublich großen Weltenbaum immer wieder hinauf und hinab, um Mitteilungen zwischen dem Adler, der in der Baumkrone sitzt, und dem Drachen, der am Fuß des Baumes lebt, zu überbringen. Die beiden argumentieren wild, doch das Eichhörnchen bringt Leichtigkeit ins Geschehen. Ohne Ratatöskr würden die destruktiven Kräfte des Adlers und des Drachen den Weltenbaum erschüttern und womöglich die ganze Welt ins Wanken bringen. Das Eichhörnchen ist somit nicht nur ein Bote der Unbeschwertheit, sondern auch ein fähiger Vermittler und Streitschlichter, denn es weiß, wie man Energien im Gleichgewicht hält.

Botschaft des Eichhörnchens

Ich möchte dir zeigen, dass die Körpergröße nichts über die innere Größe und Stärke aussagt. Ich bin winzig, und dennoch weiß ich, dass ich stark bin. Ich bin flink, und ich erklimme jedes noch so hohe Hindernis. Ich habe keine Angst, weil ich weiß, dass ich es kann. Deshalb bin ich heute dein Begleiter. Ich möchte dir die Angst davor nehmen, nicht gut genug zu sein. Mache dir bewusst, dass jeder groß ist, wenn er das möchte. Größe hat nichts mit Wissen oder Besitz zu tun, sondern mit der inneren Einstellung, dem Ja zu sich selbst. Ich möchte, dass du heute erkennst, was dich davon abhält, deine wahre Größe und Kraft zu entfalten. Wer oder was gibt dir das Gefühl, klein oder nicht gut genug zu sein? Bist du es selbst, oder kommt es von außen? Egal, was der Grund für dieses Gefühl ist, in jedem Fall hindert es dich daran, dein Potenzial zu leben. Ich zeige dir den Weg, um diese Energien loszulassen, damit dich die Aufgaben, die du übernommen hast, nicht traurig machen und belasten. Verbunden mit dem Weltenbaum und Mutter Erde, kannst du diese mit Mühelosigkeit meistern. Egal, ob du nun Höhen oder Tiefen meistern musst, im Gleichgewicht und verbunden mit deiner Mitte, kannst du sie ohne Schaden und in Harmonie bewältigen. Wenn du mich ansiehst und dir vorstellst, welche Hindernisse ich überwinde – einfach, weil ich mir meiner Fähigkeiten bewusst bin –, so wisse, dass auch du mit ganz besonderen Fähigkeiten ausgestattet bist, die dir dabei helfen, deine Größe und Stärke zu erkennen und sie auszuleben.

Frage dich:

* »Welche Glaubenssätze hindern mich daran, meine Größe zu leben?«
* »Wer gibt mir das Gefühl, nicht gut genug zu sein?«
* »Welche Emotionen hindern mich daran, weiterzumachen?«
* »Was mag ich an mir? Zeige ich es auch anderen?«

Mache dir dazu Notizen, denn sie werden im Laufe des Jahres hilfreich sein.

Denke heute über diese Fragen nach, und achte auch auf Zeichen, die sich im Außen zeigen. Ich werde dich unterstützen und dir zeigen, dass deine wahre Größe und Stärke in dir verankert sind. Du hast das Recht, diese zu leben. Wann immer du dich klein fühlst, rufe mich zu dir, und ich werde für dich da sein.

Meditation

Schließe deine Augen, und atme ein paarmal tief ein und aus. Mit jedem Atemzug sinkst du tiefer in deine Innenwelt. Mit jedem Atemzug kommst du mehr bei dir an. Alle Gedanken, alles, was dich daran hindert, nun ganz bei dir zu sein, lässt du mit dem nächsten Atemzug los. Deine Gedanken sind unwichtig, denn jetzt sind deine Zeit und dein Raum. Atme noch einmal tief ein und aus. Anspannungen, die sich noch in deinem Körper befinden, atmest du einfach weg. Du wirst immer ruhiger. Alles, was sich im Außen befindet, ist bedeutungslos, nur du bist jetzt wichtig.

Vor deinem geistigen Auge erscheint nun eine Tür. Auch wenn du sie vielleicht nicht sehen kannst, wisse, sie ist da. Öffne diese Tür, und folge dem Weg, der sich dir jetzt zeigt. Er führt dich in einen Wald. Du kannst das Moos riechen, und eine magische Stille umgibt dich. Du hast keine Angst, denn du weißt, dass du behütet und beschützt bist. Der Weg führt dich immer tiefer in den Wald hinein. Du gelangst auf eine wunderschöne Waldlichtung. Sie ist ganz von einem warmen Licht erfüllt, und die Bäume bieten dir Schutz. Du fühlst dich mit der Natur verbunden und spürst, wie dich eine innere Ruhe erfüllt und du vollkommen loslassen kannst.

Du nimmst am Boden Platz, lässt deinen Blick umherschweifen, und dann kannst du es sehen: Etwas Kleines springt flink von Ast zu Ast und kommt auf dich zu. Es ist ein Eichhörnchen, das jetzt auf deinen Schoß klettert, um dir ganz nah zu sein. Ihr begrüßt euch auf eine dir angenehme Art und Weise. Das Eichhörnchen spricht zu dir: »Ich weiß, dass du dich manchmal ganz klein fühlst und dass du ab und zu an dir zweifelst. Ich möchte dir heute helfen, dieses Gefühl loszulassen. Ich möchte dich daran erinnern, wer du wirklich bist und dass du das Recht hast, deinen Raum einzunehmen und deine wahre Größe zu leben. Komm mit mir.« Das Eichhörnchen springt voran und führt dich in den Wald hinein. Irgendwann steht ihr vor einem Höhleneingang. Fackeln erleuchten den Weg ins Innere. Du gehst gemeinsam mit dem Eichhörnchen immer tiefer in die Höhle hinein. Ihr betretet einen wunderschönen Saal. An den Wänden funkeln Kristalle in den schönsten Farben, und die Energie, die dich umgibt, berührt dein Herz. Das Eichhörnchen deutet auf einen Thron. Es sagt: »Schau, das ist dein Platz, der deine Größe repräsentiert. Er steht dir zu. Du brauchst keine Angst zu haben. Jetzt hast du die Möglichkeit, alle Bedenken loszulassen. Ich helfe dir dabei.« Das Eichhörnchen führt dich zum Thron und fordert dich auf, Platz zu nehmen. Es sagt dir: »Spüre auf diesem Stuhl, wie deine wahre Größe in dir geboren wird.« Du setzt dich auf den Thron und spürst, wie dich ein Gefühl der Stärke erfüllt. Du erkennst jetzt deine wahre innere Größe. Dann führt dich das Eichhörnchen zu einer Schale. Sie besteht aus purem Gold und ist mit kristallklarem Wasser gefüllt. »Blicke nun in die Schale, und erkenne, welch wunderbares Wesen du bist.« Vielleicht ist dir nicht wohl dabei, und möglicherweise hast du Angst davor, nicht das zu sehen, was du sehen möchtest, oder dich hinterher nicht besser zu fühlen. Das Eichhörnchen blickt dir tief in die Augen und sagt: »Schau hinein, und du wirst dein Licht sehen.« Langsam beugst du dich über die Schale, und was du siehst, rührt dich zu Tränen. Du erkennst ein wundervolles Wesen, es leuchtet innerlich und äußerlich hell und klar. Du kannst diesen Glanz auch in deinen Augen erkennen. Er schenkt dir Zuversicht und Mut und das Gefühl, etwas ganz Besonderes zu sein. Du spürst, wie du innerlich alles Schwere loslässt. Ängste, Zweifel und alles, was dich begrenzt, haben nun keinen Platz mehr. Du spürst, wie sie von dir weichen – und das nur, weil du in dieses wunderschöne Gesicht im Wasser siehst. Das Eichhörnchen sagt dir: »Es ist nun Zeit, sich zu verabschieden. Wisse aber, dass du jederzeit, wann immer du dich klein fühlst, hierher kommen darfst. Rufe einfach nach mir, und ich zeige dir den Weg.« Du bedankst dich für seine Hilfe und bist plötzlich wieder auf der Waldlichtung.

Du bleibst noch einen Augenblick und nimmst die Energie des Eichhörnchens noch einmal tief in dich auf. Neben dir liegt ein Geschenk, es ist ein Symbol für dein Gefühl. Was ist es? Hebe es auf, und mache dich dann auf den Rückweg. Wenn du wieder an der Tür angekommen bist, öffne sie, und komme mit dem nächsten Atemzug wieder ganz im Hier und Jetzt an.

Räucherwerk für das Eichhörnchen

2 Teile Fichtenharz
1 Teil Thymian
1 Teil Rosmarin
1 Teil Myrrhe
1 Teil Birkenrinde

Wie du das Räucherritual begehst, erfährst du im Kapitel »Räucherrituale« (siehe S. 22).

Kurzübung

Mache es dir bequem, und schließe deine Augen. Frage dich: »Wer bin ich?« Visualisiere ein Bild von dir. Wie siehst du dich in diesem Moment? Überlege dir dann, wer du sein möchtest. Visualisiere nun erneut ein Bild von dir, das dich so zeigt, wie du es dir wünschst. Spürst du den Unterschied? Wiederhole diese Übung so oft wie möglich.

Wolf

10. Rauhnacht
2./3. Januar

Heute und im Monat Oktober geht es darum, dir klarzumachen, wo du stehst. Kannst du deinen Platz einnehmen und für deine Werte einstehen, oder fällt es dir schwer? Hörst du noch stark auf andere und tust vieles, um ihnen zu gefallen? Es geht in deinem Leben einzig um dich, um deine Bedürfnisse und deine Wünsche. Gehst du zielstrebig voran, oder hältst du dich selbst mit Ausreden davon ab, deine Wünsche zu realisieren? Es ist wichtig, dass du Nein sagst und deine Grenzen ganz klar aufzeigst, vor allem dann, wenn du etwas nicht tun möchtest. Damit zeigst du dir deine Liebe.

Tagesqualität: Vorangehen, Abgrenzen, Zielstrebigkeit

Legenden

Die Wölfe sind fest mit der nordischen und keltischen Mythologie verbunden. Odin hat nicht nur zwei Raben, sondern auch zwei Wölfe. Sie heißen Geri und Freki, übersetzt »der Gierige« und »der Gefräßige«. Die Beiden begleiten Odin auf seiner wilden Jagd und helfen ihm dabei, die Sonne zurück in den Himmel zu bringen. Die Wölfe liegen in Walhalla zu seinen Füßen, und da Odin nur Wein zu sich nimmt, füttert er sie mit seinen Speisen. Außerdem sind die Wolfszwillinge Skalli und Hati, die Söhne einer Ur-Riesin, in der nordischen Mythologie bekannt. Der Legende nach verfolgt Hati den Mond und Skalli die Sonne über den Himmel, dabei treiben beide die Götterwagen zur Eile an. Diese Jagd währt so lange, bis die Wölfe zum Weltenbrand Ragnarök Sonne und Mond einholen, sie verschlingen und die Welt in Finsternis tauchen.

In alten Sagen steht der Wolf für Wildheit, Pflichterfüllung, Folgsamkeit, Zielsetzung und Intuition. Trotz seines Temperaments wird er in vielen Legenden für seine Intelligenz, seine soziale Art und seine Fürsorge geschätzt. Auch in keltischen Legenden spielt der Wolf eine Rolle. Es gibt eine Geschichte, in der ein König von Wölfen aufgezogen wird, und die Sage über die magische Sau Hen Wen, die neben der Katze und dem Adler auch einen Wolf geboren hat.

Botschaft des Wolfs

Ich bin wachsam und vorsichtig, und dennoch gehe ich stets voran. Es geht im Leben nicht darum, ständig alles zu überdenken und es zu zerreden, sondern darum, dass du in deine Kraft kommst und handelst. Oft lässt du dich ablenken und bist zu sehr mit dem beschäftigt, was im Außen passiert. Konzentriere dich jetzt auf dich und auf deine Bedürfnisse. Richte deine Aufmerksamkeit auf das, was du willst. Es ist wichtig, dass du Nein sagst, wenn du etwas nicht tun möchtest. Dazu ist es erforderlich, dass du mit deinem Inneren verbunden bist. Handle nicht, um anderen zu gefallen, weil du denkst, sie würden dich nur so lieben. Es geht darum, dass du für dich kämpfst und für deine Meinung einstehst. Das hat nichts mit Egoismus zu tun. Erkenne, dass du wichtig bist.

Frage dich:

* »Welche Ausreden habe ich parat, wenn es darum geht, meinen Weg zu gehen und meine Träume zu leben?«
* »Kann ich gut Nein sagen, oder fällt es mir schwer, meine wahren Gefühle zu offenbaren?«
* »Bei wem fällt es mir besonders schwer, Nein zu sagen?«

Mache dir dazu Notizen, denn sie werden im Laufe des Jahres hilfreich sein.

Folge deinem eigenen Weg, und wisse: Er ist nicht immer derselbe, den deine Mitmenschen gehen. Höre aufmerksam auf dein

Herz, denn es sagt dir, wann du bereit bist, etwas zu tun, und wann nicht. Wenn es dir schwerfällt, dann rufe mich, ich werde dich immer unterstützen. Gehe zielstrebig voran, und tue das, wofür du auf dieser Welt bist.

Meditation

Schließe deine Augen, und atme ein paarmal tief ein und aus. Mit jedem Atemzug sinkst du tiefer in deine Innenwelt. Mit jedem Atemzug kommst du mehr bei dir an. Alle Gedanken, alles, was dich daran hindert, nun ganz bei dir zu sein, lässt du mit dem nächsten Atemzug los. Deine Gedanken sind unwichtig, denn jetzt sind deine Zeit und dein Raum. Atme noch einmal tief ein und aus. Anspannungen, die sich noch in deinem Körper befinden, atmest du einfach weg. Du wirst immer ruhiger. Alles, was sich im Außen befindet, ist bedeutungslos, nur du bist jetzt wichtig.

Vor deinem geistigen Auge erscheint nun eine Tür. Auch wenn du sie vielleicht nicht sehen kannst, wisse, sie ist da. Öffne diese Tür, und folge dem Weg, der sich dir jetzt zeigt. Er führt dich in einen Wald. Du kannst das Moos riechen, und eine magische Stille umgibt dich. Du hast keine Angst, denn du weißt, dass du behütet und beschützt bist. Der Weg führt dich immer tiefer in den Wald hinein. Du gelangst auf eine wunderschöne Waldlichtung. Sie ist ganz von einem warmen Licht erfüllt, und die Bäume bieten dir Schutz. Du fühlst dich mit der Natur verbunden und spürst, wie dich eine innere Ruhe erfüllt und du vollkommen loslassen kannst.

Du nimmst wahr, dass du nicht mehr allein bist, und aus dem Schatten der Bäume tritt ein Wolf auf die Lichtung. Er kommt auf dich zu, seine Augen fixieren dich und lassen dich nicht mehr los. Er bleibt direkt vor dir stehen. Du hast keine Angst, weil seine Ruhe und Gelassenheit auf dich übergehen. Deine Finger streichen vorsichtig durch sein dickes Fell, und du kannst seinen Geruch wahrnehmen. Er sagt zu dir: »Ich weiß, dass es dir manchmal schwerfällt, deine eigenen Interessen zu vertreten. Deshalb bin ich heute hier. Ich möchte dir helfen, zu deinen Wünschen zu stehen, ohne auf das zu achten, was andere denken oder sagen. Es geht nicht um sie, sondern nur um dich. Wann immer es dir schwerfällt, deine eigenen Pläne zu realisieren und Nein zu sagen, wenn du es so meinst, dann rufe mich, und ich werde dir helfen. Meine Kraft und meine Güte gehen auf dich über, wenn du mir über den Kopf streichst. Fühle, wie sich mein Herzschlag mit deinem verbindet. Glaube an dich, und folge deinem Herzen. Du bist nicht allein.« Deine Hände berühren den Kopf des Wolfs, und du streichelst ihm sanft über die Schnauze. Du kannst seinen Atem an deiner Haut spüren, und ein Gefühl von Stärke und Macht erfüllt dich. Du fühlst dich jetzt bereit, für dich einzustehen und zielstrebig voranzugehen. Bedanke dich bei dem Wolf für seine Worte und seine Hilfe.

Auch heute kannst du neben dir ein Geschenk sehen. Was ist es? Hebe es auf, und mache dich dann auf den Rückweg. Wenn du wieder an der Tür angekommen bist, öffne sie, und komme mit dem nächsten Atemzug wieder ganz im Hier und Jetzt an.

Räucherwerk für den Wolf

1 Teil Wacholderspitzen
½ Teil Wacholderbeeren
2 Teile Fichtenharz
1 Teil Eisenkraut

Wie du das Räucherritual begehst, erfährst du im Kapitel »Räucherrituale« (siehe S. 22).

Kurzübung

Rufe dir nacheinander die Menschen ins Bewusstsein, bei denen es dir schwerfällt, Nein zu sagen. Stelle sie dir vor deinem geistigen Auge vor. Schaue ihnen nacheinander ins Gesicht, und sage laut und deutlich: »Nein!« Du kannst diese Botschaft zusätzlich mit einer Geste verstärken. Halte deine Hand dazu vor deine Brust, und bedeute deinem Gegenüber, Abstand zu halten.

Dachs

11. Rauhnacht
3./4. Januar

Heute und auch im Monat November geht es darum, Geborgenheit und Liebe bewusst wahrzunehmen. Oftmals suchen wir im Außen vergeblich danach und fühlen uns dadurch einsam und allein. In deinem Inneren findest du alles, wonach du suchst, auch das Gefühl, geborgen und geliebt zu sein, und das Wissen, dass wir alle eins sind.

Tagesqualität: Geborgenheit, Liebe

Legenden

Der Dachs kommt in einigen keltischen Legenden vor. Die keltische Göttin Rhiannon war einem älteren Mann versprochen, der sie durch eine List ehelichen wollte. Sie allerdings wendete diese List gegen ihn und verwandelte sich in einen Dachs, um verjagt zu werden. Der keltische Gott Moritasgus steht für Heilung, Weissagung und Licht, und sein Name bedeutet »Großer Dachs«, da auch der Dachs diese Magie in sich trägt. Der Dachs steht für Hartnäckigkeit, aber auch für Großzügigkeit, denn er teilt seine Burg, eine kleine Höhle oder einen ausgehöhlten Baumstamm, mit dem Fuchs, wenn dieser einen Unterschlupf braucht. Der Dachs ist ein Sinnbild für Geborgenheit und Erdung, und er hat einen Sinn dafür, wann man teilen sollte und wann es wichtig ist, Grenzen zu ziehen. Er ist mit dem tiefen Wissen von Mutter Erde verbunden und weiß, wie man ihre harmonisierenden Kräfte einsetzt. Der Dachs wird auch mit Vernunft, Freundlichkeit und prophetischem Wissen assoziiert. Er öffnet die Tore hinter die Nebel und begleitet die Menschen zu ihren Ahnen und in den Schoß von Mutter Erde.

Auch in der keltischen Kultur spielte der Dachs eine wichtige Rolle. Sekrete des Dachses wurden von den keltischen Druiden als Heilmittel eingesetzt, und sein Fell wurde Verstorbenen als Grabbeigabe mit auf ihren Weg gegeben. Früher nutzten die Kelten Dachsköpfe als Geldbeutel, und noch heute werden in Schottland die traditionellen Geldbeutel für den Kilt aus Dachsleder hergestellt.

Botschaft des Dachses

Ich bin hier, um dir bewusst zu machen, wie großartig du bist. Auch, wenn du dich einmal einsam, ungehört oder ungeliebt fühlen solltest, wisse: Ich bin bei dir. Meine Energie verbindet dich mit dem großen Ganzen, mit dem All-Eins. Wenn es im Außen stürmisch ist, verbinde dich mit deiner Seele. Sie wird dir zu jeder Zeit das Gefühl geben, dass alle äußerlichen Gegebenheiten unwichtig sind, dass sie keine Bedeutung haben, weil du das All-Eins bist. Du bist mit allem verbunden, und wenn du dieses Gefühl zulässt, kannst du auch in der einsamsten Stunde Geborgenheit fühlen. Du wirst wissen, dass du niemals allein bist und dass immer für dich gesorgt ist. Mache dich nicht vom Außen abhängig, sondern spüre das Gefühl der Geborgenheit in dir.

Frage dich:

* »In welchen Bereichen meines Lebens lasse ich mich vom Außen beeinflussen?«
* »Wo fehlt mir das Gefühl der Geborgenheit?«
* »Wie kann ich mir das Gefühl der Geborgenheit selbst schenken?«

Mache dir dazu Notizen, denn sie werden im Laufe des Jahres hilfreich sein.

Wenn du erkennst, dass du alles, was dir fehlt, in dir trägst, wird vieles leichter werden. Ich unterstütze dich, wenn du Hilfe brauchst und dich allein fühlst. Stehe zu dir, egal, was dir das

Außen zeigt. Du bist perfekt, genau so, wie du bist, mit all deinen Wünschen, Träumen und Werten.

Meditation

Schließe deine Augen, und atme ein paarmal tief ein und aus. Mit jedem Atemzug sinkst du tiefer in deine Innenwelt. Mit jedem Atemzug kommst du mehr bei dir an. Alle Gedanken, alles, was dich daran hindert, nun ganz bei dir zu sein, lässt du mit dem nächsten Atemzug los. Deine Gedanken sind unwichtig, denn jetzt sind deine Zeit und dein Raum. Atme noch einmal tief ein und aus. Anspannungen, die sich noch in deinem Körper befinden, atmest du einfach weg. Du wirst immer ruhiger. Alles, was sich im Außen befindet, ist bedeutungslos, nur du bist jetzt wichtig.

Vor deinem geistigen Auge erscheint nun eine Tür. Auch wenn du sie vielleicht nicht sehen kannst, wisse, sie ist da. Öffne diese Tür, und folge dem Weg, der sich dir jetzt zeigt. Er führt dich in einen Wald. Du kannst das Moos riechen, und eine magische Stille umgibt dich. Du hast keine Angst, denn du weißt, dass du behütet und beschützt bist. Der Weg führt dich immer tiefer in den Wald hinein. Du gelangst auf eine wunderschöne Waldlichtung. Sie ist ganz von einem warmen Licht erfüllt, und die Bäume bieten dir Schutz. Du fühlst dich mit der Natur verbunden und spürst, wie dich eine innere Ruhe erfüllt und du vollkommen loslassen kannst.

Du nimmst wahr, dass du nicht mehr allein bist. Aus dem Augenwinkel beobachtest du, wie sich etwas auf dich zubewegt. Es ist ein Dachs, der dich liebevoll begrüßt und sagt: »Komm mit mir, wenn du dich geborgen fühlen möchtest. Ich zeige dir, wie du ein Nest für dich baust.« Euer Weg führt euch ins Unterholz. Irgendwann kommt ihr zu einem Dachsbau, der tief in die Erde führt. Der Dachs fordert dich auf, mit ihm zu gehen. Du hast keine Angst, denn die ruhige Energie des Dachses erfüllt dich. Der Weg führt immer tiefer in Mutter Erde hinein, doch es ist trotzdem hell, und du kannst alles gut erkennen. Der Dachs führt dich immer weiter nach unten, bis ihr irgendwann in einer größeren Höhle ankommt. In ihrer Mitte brennt ein Lagerfeuer, das sie in warmes Licht taucht. Du kannst nun viele Dachse sehen, aber auch deine Ahnen sind hier. Der Dachs spricht: »Schau dich um, wir alle sind deine Begleiter, und wann immer du dich einsam fühlst, kannst du hierherkommen und unsere Anwesenheit spüren. Fühlst du, wie du gehalten und getragen wirst?« Du spürst die Liebe aller Anwesenden, sie berührt dich tief in deinem Herzen. Alles, was dich womöglich belastet und blockiert, fällt von dir ab. Es ist, als würde ihre Liebe dein Herz mit einem einzigen Atemzug heilen. Genieße das Gefühl der Liebe und Geborgenheit für einen Moment. Dankbar siehst du alle an und bedankst dich für ihre Anwesenheit. Der Dachs sagt: »Wann immer du jemanden brauchst, der dich unterstützt, komme hierher.« Dann führt er dich wieder aus der Höhle hinaus und auf die Waldlichtung zurück. Du bedankst dich bei ihm für seine Hilfe und diese wunderbare Erfahrung. Der Dachs verabschiedet sich und verschwindet wieder im Wald.

Du bleibst noch einen Augenblick und nimmst seine Energie noch einmal tief in dich auf. Neben dir liegt ein Geschenk, es ist ein Symbol für dein Gefühl. Was ist es? Hebe es auf, und mache dich dann auf den Rückweg. Wenn du wieder an der Tür angekommen bist, öffne sie, und komme mit dem nächsten Atemzug wieder ganz im Hier und Jetzt an.

Räucherwerk für den Dachs

3 Teile Weihrauch
2 Teile Myrrhe
1 Teil Mastix
1 Teil Zimtrinde
1 Teil Benzoe

Wie du das Räucherritual begehst, erfährst du im Kapitel »Räucherrituale« (siehe S. 22).

Kurzübung

Stelle dir immer wieder den Dachsbau vor, und verbinde dich mit dir und deinem Inneren. Fühle die Geborgenheit.

Schlange

12. Rauhnacht
4./5. Januar

In der letzten Rauhnacht und im Monat Dezember geht es darum, deinen eigenen Rhythmus zu finden. Du kannst dein Leben so gestalten, wie es für dich passt. Wenn es etwas gibt, was dich jetzt noch davon abhält, deine Größe zu entfalten, dann hast du heute die Möglichkeit, dies zu verändern. Das Leben ist wunderschön, wenn du die schönen Momente bewusst wahrnimmst. Die Schlange hilft dir mit ihrer Energie, alles zu transformieren, was dich noch davon abhält, dich selbst zu leben.

Tagesqualität: Transformation, eigener Rhythmus

Legende

Der Gott Thor und die Weltenschlange treffen der nordischen Legende nach dreimal aufeinander, und jedes Mal versucht Thor, die Schlange zu besiegen. Sie lebt am Grund der Ozeane und beißt sich in ihren eigenen Schwanz, um die Welt im Einklang zu halten. Beim ersten Mal versucht er, sie aus dem Meer zu angeln und dann zu erschlagen. Beim zweiten Mal tritt er einen Wettstreit an, in dem er versucht, die in eine monströse Katze verwandelte Schlange mit seiner immensen Stärke vom Boden zu heben. Beide Versuche scheitern, doch während des Weltenbrandes Ragnarök gelingt es Thor, die Schlange zu erschlagen, als sie die Meere verlässt, um den Himmel zu vergiften.

Auch bei den Kelten können wir die Schlange finden. Sie ist unter anderem auf dem Kessel von Gundestrup abgebildet. Er ist mit Darstellungen aus der keltischen Mythologie verziert und zählt zu den ältesten Fundstücken der keltischen Kultur. Auf ihm ist auch der Gott Cernunnos abgebildet, der eine Schlange in seinen Händen hält. Sie soll ihm der Sage nach die Kraft verleihen, alles im Gleichgewicht zu halten. Die Schlange ist aber auch ein Symbol für die Geliebte, für Transformation, Heilung, Lebensenergie, Mutter Erde und die aufsteigende Kraft der Natur. Die Kelten sprachen ihr eine unheimlich große Kraft zu, und die Sagen erzählen, dass die Schlange sowohl von den Menschen als auch von den Göttern verehrt wurde. Die Schlange erinnert daran, im Rhythmus mit der Natur zu leben. Sie stellt die Verbindung zu der Energie her, die in jeder Welt fortwährend alles erneuert, ob hinter den Nebeln oder auf unserem Planeten. Zudem ist sie die Verbindung zu jener Achse, um die sich der Lebenszyklus dreht. Sie vereint das männliche und das weibliche Prinzip in sich und erinnert daran, im Gleichgewicht zu sein.

Botschaft der Schlange

Die Liebe zu dir und zu allem, was ist, ist dein Schlüssel zum Glück. Meine Gegenwart unterstützt dich dabei, die Energien von Mutter Erde mit denen des Himmels zu verbinden. So kannst du alles, was dich belastet, auflösen und transformieren. Du darfst dir heute bewusst machen, was dich davon abhält, in deine göttliche Größe zu gelangen. Egal, ob es negative Gedanken gegen dich selbst oder gegen Menschen sind, die dich kleinhalten möchten. Oft ist es gar nicht wichtig, zu wissen, wer oder was der Grund ist. Einzig wichtig ist die Absicht, etwas verändern zu wollen. Dafür bin ich da. Ich weiß, dass du ein großes, helles Licht bist, das sich nun aufmachen darf, um sich selbst zu leben, und zwar so, wie es einzig für dich richtig ist. Du darfst deinen Rhythmus finden. Du bestimmst, wann für dich der richtige Zeitpunkt ist, etwas zu tun. Darum konzentriere dich stärker auf dich als auf die anderen. Oftmals hindern sie dich daran, ganz du selbst zu sein.

Frage dich:

* »Wer oder was verhindert die Erfüllung meiner Träume und Wünsche?«
* »Was kann ich ändern, damit ich mich selbst lebe?«

* »Wie sieht mein Jahr aus, wenn ich an mich glaube und alles erreiche, was ich mir vorgenommen habe?«

Mache dir dazu Notizen, denn sie werden im Laufe des Jahres hilfreich sein.

Mit diesen wunderbaren Gefühlen kannst du jetzt alles loslassen, was dich noch kleinhält. Gib jetzt alles ab, was nicht zu dir gehört, und ich transformiere es für dich durch die Kundalini-Energie. Du kannst zu jeder Zeit den »Reset-Knopf« drücken und derjenige sein, der du sein möchtest. Glaube an dich!

Meditation

Schließe deine Augen, und atme ein paarmal tief ein und aus. Mit jedem Atemzug sinkst du tiefer in deine Innenwelt. Mit jedem Atemzug kommst du mehr bei dir an. Alle Gedanken, alles, was dich daran hindert, nun ganz bei dir zu sein, lässt du mit dem nächsten Atemzug los. Deine Gedanken sind unwichtig, denn jetzt sind deine Zeit und dein Raum. Atme noch einmal tief ein und aus. Anspannungen, die sich noch in deinem Körper befinden, atmest du einfach weg. Du wirst immer ruhiger. Alles, was sich im Außen befindet, ist bedeutungslos, nur du bist jetzt wichtig.

Vor deinem geistigen Auge erscheint nun eine Tür. Auch wenn du sie vielleicht nicht sehen kannst, wisse, sie ist da. Öffne diese Tür, und folge dem Weg, der sich dir jetzt zeigt. Er führt dich in einen Wald. Du kannst das Moos riechen, und eine magische Stille umgibt dich. Du hast keine Angst, denn du weißt, dass du behütet und beschützt bist. Der Weg führt dich immer tiefer in den Wald hinein. Du gelangst auf eine wunderschöne Waldlichtung. Sie ist ganz von einem warmen Licht erfüllt, und die Bäume bieten dir Schutz. Du fühlst dich mit der Natur verbunden und spürst, wie dich eine innere Ruhe erfüllt und du vollkommen loslassen kannst.

Du nimmst wahr, dass du nicht mehr allein bist, denn du hörst ein zischendes Geräusch. Eine schwarze Schlange taucht vor dir im Gras auf. Ihre Augen sind dunkel, und du versinkst in ihnen. Die Schlange sagt: »Es ist Zeit, alles loszulassen, was dich noch kleinhält und was dich daran hindert, dich selbst zu leben. Es ist Zeit, deine Glaubenssätze zu verändern. Du hast jetzt die Möglichkeit, dein eigenes Wesen kennenzulernen und es der Welt zu zeigen. Darum frage ich dich: Bist du bereit für diesen Wandel? Bist du bereit, deine Ängste loszulassen? Wenn ja, dann lege dich zu mir auf den Boden. Habe keine Angst, ich werde jetzt auf deinen Körper gleiten.« Auch wenn du möglicherweise Angst vor Schlangen hast, brauchst du dich nicht zu fürchten. Diese hier ist ganz friedlich, und sie ist da, um dir zu helfen. Du spürst jetzt, wie die Schlange über deine Füße gleitet. Ihre schuppige Haut fühlt sich warm und weich an. Ihre rhythmischen Bewegungen lassen dich in einen tranceartigen Zustand gleiten. Du siehst jetzt vor deinem geistigen Auge alle Erlebnisse, die dir das Gefühl gaben, nicht gut genug zu sein. Es sind Momente, in denen du dich klein gefühlt hast. Möglicherweise siehst du auch Situationen, in denen etwas nicht gelungen ist und andere dir das Gefühl gaben, etwas falsch gemacht zu haben. Gleichzeitig spürst du, wie dich die Energie der Schlange erfüllt und deine Bilder in Wellen von dir weggetragen werden. Sie verblassen und lösen sich schließlich ganz auf. Leichtigkeit und Freude erfassen dich, und dein inneres Licht wird immer heller. Stelle dir jetzt vor, wie dein Leben heute aussehen würde, wenn das alles nicht passiert wäre. Wie stellst du es dir vor? Leicht? Voller Liebe? Erfolgreich? Glücklich? Hell? Nimm wahr, welches Gefühl sich dir zeigt. Die Schlange sagt: »Siehst du, so sieht Heilung aus, denn du bist der Schöpfer deines Lebens. Wenn du dieses Gefühl mit in deinen Alltag nimmst, kann alles heilen, und Neues kann entstehen, wenn du fest daran glaubst. Alles ist möglich.« Diese Erkenntnis berührt dein Herz tief, und Liebe und Dankbarkeit erfüllen dich. Die Schlange gleitet wieder von dir herunter, und du bedankst dich nun bei ihr für ihre Hilfe. Du bleibst noch einen Augenblick und nimmst ihre Energie noch einmal tief in dich auf. Neben dir liegt ein Geschenk, es ist ein Symbol für dein Gefühl. Was ist es? Hebe es auf, und mache dich dann auf den Rückweg. Wenn du wieder an der Tür angekommen bist, öffne sie, und komme mit dem nächsten Atemzug wieder ganz im Hier und Jetzt an.

Räucherwerk für die Schlange

2 Teile Lorbeerblätter
1 Teil Thymian
3 Teile Weihrauch

Wie du das Räucherritual begehst, erfährst du im Kapitel »Räucherrituale« (siehe S. 22).

Kurzübung

Mache dir bewusst, wer oder was dir noch immer das Gefühl gibt, klein zu sein. Vielleicht sind es Aussagen, die andere getroffen haben, oder Situationen, an die du dich erinnerst. Visualisiere nun eine violette Flamme, und übergib die Emotionen und Erinnerungen an negative Erlebnisse der violetten Flamme. Spüre nach, wie leicht du dich nun fühlst.

Weitere Rituale

Die Zeit der Rauhnächte lädt dich dazu ein, dich mit dir selbst auseinanderzusetzen, aber auch dazu, neue Rituale zu etablieren. Die Adventszeit, die Weihnachtstage und auch Silvester sind gespickt mit Ritualen, und oft sind sie uns gar nicht bewusst. Alle Rituale, die wir dir nun für die kommenden Tage vorschlagen, darfst du in deine magische Zeit einweben, jedoch sind sie kein Muss, sondern dürfen einfach sein. Sie sind auch nicht nur auf diese Zeit beschränkt. Wenn dich eines der Themen im Laufe des Jahres ruft, dann kann dich das jeweilige Ritual unterstützen. Auch die Wahl des Tages, an dem du das Ritual durchführst, ist dir überlassen. Uns ist sehr bewusst, dass jeder diese magische Zeit anders begeht und du deinen eigenen zauberhaften Rhythmus hast. Du kannst jedes dieser Rituale durch das Räuchern von Salbei oder Weihrauch unterstützen. Es ist aber auch möglich, das Ritual in das Räucherritual der jeweiligen Rauhnacht einzubinden, oder du kreierst deine persönliche Lieblingsmischung. Ebenso kannst du eigene Worte wählen, wenn die vorgegebenen nicht stimmig für dich sind. Vertraue auf deine Intuition, und gestalte die Zeit der Rauhnächte in deinem eigenen Rhythmus.

Reinigungsritual am 21.12.

Das folgende Ritual unterstützt dich dabei, deine Energien zu klären und mit Altem abzuschließen, damit du kraftvoll und gestärkt in die Rauhnächte, aber auch in das neue Jahr treten kannst.

Für dieses Ritual benötigst du:

1 weichen Apfel
Sonnenblumenkerne
1 kleines, spitzes Messer
wahlweise Weihrauch oder Salbei

* Horche in dich hinein, und frage dich, warum du heute räuchern möchtest. Welche Absicht hast du?

* Setze dich in der Natur oder zu Hause an deinen Altar: Baue einen Kreis, einen heiligen Platz auf, in dem du die Anrufung (siehe S. 127) aussprichst. Konzentriere dich auf das, was du vorhast, und lasse dich nicht durch Dinge im Außen wie das Telefon oder etwas Ähnliches ablenken.

* Entzünde deine Altarkerze oder ein kleines Feuer, wenn du in der Natur bist. Mache dir bewusst, dass dies dein inneres Feuer ist, das Licht, das dir von Odin zurückgebracht wurde, deine Verbindung zur Magie der Rauhnächte sowie das göttliche Feuer.

* Wenn du möchtest, kannst du jetzt die Utensilien für dieses Ritual mit Weihrauch oder Salbei räuchern.

* Werde dir bewusst, wovon du dich lösen möchtest, wen du gehen lassen willst und von welchen Energien du dich reinigen möchtest.

* Nun nimm nacheinander für jede Energie, die dich verlassen darf, einen Sonnenblumenkern in die Hand, und hauche die Energie dreimal in den Kern.

* Ritze kleine Spalten in den Apfel, und stecke die Kerne in den Apfel. Stelle dir dabei vor, wie die Energien ganz aus dir weichen und du sie nun dem Apfel übergibst.

* Sprich folgende Worte laut aus: »Hiermit reinige ich mich auf allen Ebenen und erfahre Reinigung mit der Unterstützung der Magie der Rauhnächte durch Raum und Zeit. Alle schweren Energien werden nun ganz transformiert. Mir ist bewusst, dass ich eine Wahl habe, und ich kann gestärkt und leicht in die kommende Zeit treten. Ich danke der Magie der Rauhnächte und meinen Verbündeten dafür, dass sie Zeugen meines Pfades sind. Ich trage die Verantwortung für mich selbst und lasse alles frei, was mir nicht mehr dienlich ist.«

* Spüre, dass du von allen schweren Energien gereinigt bist und die Magie der Rauhnächte nun wirken kann.

* Danke den Energien und dir selbst für die Schritte, die du gerade getan hast.

* Lasse den heiligen Raum sich wieder auflösen, und komme ganz zurück in deinen Alltag.

* Lege den Apfel in die Natur, damit Mutter Erde und ihre Geschöpfe ihn und deine Energien transformieren.

Loslösungsritual am 27.12.

Das folgende Ritual unterstützt dich dabei, belastende Gedanken und Vorwürfe gehen zu lassen. So kommen deine Gedanken zur Ruhe, und du kannst Glaubenssätze lösen, damit du kraftvoll, lichtvoll und gestärkt in das neue Jahr treten kannst.

Für dieses Ritual benötigst du:

Zimtrinde
1 Orange
Bio-Orangenschale
2 Apfelspalten
¼ Vanilleschote
heißes Wasser
1 Tasse
wahlweise Weihrauch oder Salbei

* Horche in dich hinein, und frage dich, warum du heute räuchern möchtest. Welche Absicht hast du?

* Setze dich in der Natur oder zu Hause an deinen Altar: Baue einen Kreis, einen heiligen Platz auf, in dem du die Anrufung (siehe S. 127) aussprichst. Konzentriere dich auf das, was du vorhast, und lasse dich nicht durch Dinge im Außen wie das Telefon oder etwas Ähnliches ablenken.

* Entzünde deine Altarkerze oder ein kleines Feuer, wenn du in der Natur bist. Mache dir bewusst, dass dies dein inneres Feuer ist, das Licht, das dir von Odin zurückgebracht wurde, deine Verbindung zur Magie der Rauhnächte sowie das göttliche Feuer.

* Wenn du möchtest, kannst du jetzt die Utensilien für dieses Ritual mit Weihrauch oder Salbei räuchern.

* Presse den Saft der Orange in eine Tasse. Fülle die Tasse mit dem heißen Wasser auf, und füge alle anderen Zutaten hinzu. Decke die Tasse nun für 10–15 Minuten ab, und stelle sie währenddessen in die Mitte deines Altars.

* Mache dir bewusst, welche belastenden Gedankenkonstrukte und Vorwürfe nun gehen dürfen. Spüre nach, wo genau du die Emotionen, die diese in dir auslösen, in deinem Körper empfindest.

* Spüre, dass es jetzt an der Zeit ist, dass diese Energien dich verlassen dürfen, und fühle, wie die Magie der Rauhnächte dich dabei unterstützt, sie loszulassen.

* Sprich folgende Worte laut aus: »Hiermit löse ich mich von allen belastenden Gedankenkonstrukten, Glaubenssätzen und Vorwürfen mit der Unterstützung der Magie der Rauhnächte durch Raum und Zeit. Ich bin bereit, mich neu auszurichten. Ich bin es wert, Neues in mein Leben zu ziehen, und ich darf mich frei fühlen. Mir ist bewusst, dass ich eine Wahl habe, und ich kann gestärkt und leicht in die kommende Zeit treten. Ich danke der Magie der Rauhnächte und meinen Verbündeten dafür, dass sie Zeugen meines Pfades sind. Ich trage die Verantwortung für mich selbst und lasse alles frei, was mir nicht mehr dienlich ist.«

* Trinke nun Schluck für Schluck das heiße Orangenwasser, und stelle dir dabei vor, wie er mit seiner Wärme alle negativen Gefühle auflöst und deinen ganzen Körper mit Liebe und Geborgenheit auffüllt.

* Danke den Energien und dir selbst für die Schritte, die du gerade getan hast.

* Lasse den heiligen Raum sich wieder auflösen, und komme ganz zurück in deinen Alltag.

* Verstreue alle Reste aus der Tasse in der Natur.

Vergebungsritual am 30.12.

Das folgende Ritual unterstützt dich dabei, alle offenen Wunden in deinem Energiefeld zu heilen, indem du vergibst und Vergebung erhältst, damit du kraftvoll, lichtvoll und gestärkt in das neue Jahr treten kannst.

Für dieses Ritual benötigst du:
1 Teelöffel flüssigen Honig
1 Glas warmes Wasser
kleine Zettel
1 Stift
1 feuerfeste Schale
Streichhölzer oder Feuerzeug
wahlweise Weihrauch oder Salbei

* Horche in dich hinein, und frage dich, warum du heute räuchern möchtest. Welche Absicht hast du?

* Setze dich in der Natur oder zu Hause an deinen Altar: Baue einen Kreis, einen heiligen Platz auf, in dem du die

Anrufung (siehe S. 127) aussprichst. Konzentriere dich auf das, was du vorhast, und lasse dich nicht durch Dinge im Außen wie das Telefon oder etwas Ähnliches ablenken.

* Entzünde deine Altarkerze oder ein kleines Feuer, wenn du in der Natur bist. Mache dir bewusst, dass dies dein inneres Feuer ist, das Licht, das dir von Odin zurückgebracht wurde, deine Verbindung zur Magie der Rauhnächte sowie das göttliche Feuer.

* Wenn du möchtest, kannst du jetzt die Utensilien für dieses Ritual mit Weihrauch oder Salbei räuchern.

* Vermische den Honig mit dem Wasser, und träufle etwas von dem Gemisch auf deine Zettel.

* Mache dir bewusst, wem du grollst oder was du bereust und mit welchen schweren Energien du dadurch noch verwoben bist. Schreibe die Namen der Menschen, denen du vergeben möchtest oder von denen du dir Vergebung erhoffst und die du somit aus dem Netz deines Lebens herauslösen möchtest, auf die Zettel. Schäme und verurteile dich dabei nicht, denn dies soll dich erleichtern. Vergiss auch dich selbst nicht, denn oft gehen wir mit uns am strengsten um.

* Spüre, dass es jetzt an der Zeit ist, dass diese Energien dich verlassen dürfen, und fühle, wie die Magie der Rauhnächte dich dabei unterstützt, zu vergeben.

* Lege jeden Zettel einzeln in die feuerfeste Schale, und sprich folgende Worte laut aus: »Hiermit vergebe ich, und mir wird vergeben – mit der Unterstützung der Magie der Rauhnächte durch Raum und Zeit. Alle schweren Gefühle werden nun ganz transformiert. Ich bin es wert, dass mir

vergeben wird und dass ich vergebe, um mich leicht und frei zu fühlen. Mir ist bewusst, dass ich eine Wahl habe, und ich kann gestärkt und leicht in die kommende Zeit treten. Ich danke der Magie der Rauhnächte und meinen Verbündeten dafür, dass sie Zeugen meines Pfades sind. Ich trage die Verantwortung für mich selbst und lasse alles frei, was mir nicht mehr dienlich ist.«

* Entzünde nun die Zettel, und mache dir dabei bewusst, dass du nun alles getan hast.

* Danke den Energien und dir selbst für die Schritte, die du gerade getan hast.

* Lasse den heiligen Raum sich wieder auflösen, und komme ganz zurück in deinen Alltag.

* Verstreue die Asche am folgenden Morgen in der Natur.

Weissagungsritual am 31.12.

Dieser Abend lädt einfach zum Orakeln ein und bietet eine wunderbare Alternative zum Bleigießen. Mache dir bewusst, dass du dich jetzt in einer Zeit des Übergangs befindest, du alles im alten Jahr zurücklassen und nun einen Blick in das kommende Jahr werfen kannst. Bitte achte bei diesem Ritual darauf, dass du dich nicht verletzt oder etwas in Brand gerät.

Für dieses Ritual benötigst du:

1 feuerfeste Schale
Zeitungspapier
1 Kerze
Streichhölzer oder Feuerzeug
wahlweise Weihrauch oder Salbei

* Horche in dich hinein, und frage dich, warum du heute räuchern möchtest. Welche Absicht hast du?

* Setze dich zu Hause an deinen Altar: Baue einen Kreis, einen heiligen Platz auf, in dem du die Anrufung (siehe S. 127) aussprichst. Konzentriere dich auf das, was du vorhast, und lasse dich nicht durch Dinge im Außen wie das Telefon oder etwas Ähnliches ablenken.

* Entzünde deine Altarkerze. Mache dir bewusst, dass dies dein inneres Feuer ist, das Licht, das dir von Odin zurückge-

bracht wurde, deine Verbindung zur Magie der Rauhnächte sowie das göttliche Feuer.

* Wenn du möchtest, kannst du jetzt die Utensilien für dieses Ritual mit Weihrauch oder Salbei räuchern.

* Knülle eine kleine Seite der Zeitung, und lege sie in die feuerfeste Schale. Entzünde die Kerze, und stelle die Schale und die Kerze so auf, dass die Zeitung einen gut sichtbaren Schatten an eine Wand wirft.

* Mache dir bewusst, dass du nun orakelst und für einen kurzen Augenblick Bilder für das kommende Jahr sehen wirst.

* Entzünde die Zeitung, und beobachte das Schattenspiel des Rauches und der Flammen. Was erkennst du? Siehst du Tiere, Figuren, Berge, Wellen? Dies sind kleine Hinweise auf dein kommendes Jahr.

* Lasse das Feuer ausbrennen, und lösche die Flamme der Kerze in dem Wissen, dass du einen kleinen Einblick in ein großes Abenteuer bekommen hast.

* Danke deinen Verbündeten, der Magie der Rauhnächte und dir selbst für die Schritte, die du gerade getan hast.

* Lasse den heiligen Raum sich wieder auflösen, und komme ganz zurück in deinen Alltag.

* Verstreue die Asche am folgenden Morgen in der Natur.

Manifestationsritual am 2.1.

Das folgende Ritual unterstützt dich dabei, deine Wünsche und Träume[2] für das kommende Jahr zu manifestieren und diese Wirklichkeit werden zu lassen.

Für dieses Ritual benötigst du:

1 weiße Kerze
1 Zahnstocher
Tannennadeln
Zimtrinde
Streichhölzer oder Feuerzeug
wahlweise Weihrauch oder Salbei

* Horche in dich hinein, und frage dich, warum du heute räuchern möchtest. Welche Absicht hast du?

* Setze dich in der Natur oder zu Hause an deinen Altar: Baue einen Kreis, einen heiligen Platz auf, in dem du die Anrufung (siehe S. 127) aussprichst. Konzentriere dich auf das, was du vorhast, und lasse dich nicht durch Dinge im Außen wie das Telefon oder etwas Ähnliches ablenken.

* Entzünde deine Altarkerze oder ein kleines Feuer, wenn du in der Natur bist. Mache dir bewusst, dass dies dein inneres Feuer ist, das Licht, das dir von Odin zurückgebracht wurde, deine Verbindung zur Magie der Rauhnächte sowie das göttliche Feuer.

---

2 Bitte behalte im Sinn, dass an dieser Stelle der freie Wille eines Gegenübers immer respektiert werden sollte und dass auch unsere gesellschaftlichen Werte immer zu beachten sind, auch während der Rauhnächte.

* Wenn du möchtest, kannst du jetzt die Utensilien für dieses Ritual mit Weihrauch oder Salbei räuchern.

* Weihe die Kerze, indem du sie mit der Zimtrinde einreibst.

* Beantworte dann die folgenden Fragen für dich: Was wünsche ich mir? Was möchte ich in mein Leben ziehen? Was soll sich im kommenden Jahr in meinem Leben manifestieren, und warum? Nach welchem Gefühl sehne ich mich? Werde dir ganz bewusst, wonach du dich sehnst, und warum du dir dieses Gefühl wünschst.

* Nimm nun die Kerze in die Hand. Ritze mit dem Zahnstocher ein Wort, das dein Gefühl am besten beschreibt, in die Kerze. Die Kerben sollten so groß sein, dass du die Tannennadeln in sie hineindrücken kannst. Fülle die Kerben mit den Tannennadeln.

* Spüre, dass es jetzt an der Zeit ist, dass du dies in dein Leben ziehst und dass du es wert bist, deine Wünsche, Träume und Sehnsüchte zu leben. Nimm wahr, wie dich die Magie der Rauhnächte dabei unterstützt.

* Sprich folgende Worte laut aus: »Hiermit ziehe ich das in mein Leben, was ich mir wünsche, ohne Wenn und Aber und mit der Unterstützung der Magie der Rauhnächte durch Raum und Zeit. Ich erlaube mir, dass meine Träume Wirklichkeit werden dürfen. Ich lebe im Rhythmus meines lichtvollen Zeitplans, und mir ist bewusst, dass ich eine Wahl habe. Ich darf und kann darauf vertrauen, dass ich alles getan habe. Ich danke der Magie der Rauhnächte und meinen Verbündeten dafür, dass sie Zeugen meines Pfades sind. Ich trage die Verantwortung für mich selbst und lasse alles frei, was mir nicht mehr dienlich ist.«

* Entzünde nun die Kerze in dem Wissen, dass du nun alles getan hast. Lasse die Kerze mindestens 10 Minuten brennen, und puste sie dann mit dem Gedanken aus, dass deine Wünsche erhört wurden.

* Danke den Energien und dir selbst für die Schritte, die du gerade getan hast.

* Lasse den heiligen Raum sich wieder auflösen, und komme ganz zurück in deinen Alltag.

Transformationsritual am 5.1.

Das folgende Ritual unterstützt dich dabei, alles zu wandeln, was dich belastet. Vor allem wenn du das Gefühl hast, dass eine Rauhnacht nicht ganz rundlief, kannst du dieses Gefühl nun mit diesem Ritual transformieren. Es soll dir bewusst machen, was nicht so gut gelaufen ist und was du gern loslassen würdest, damit das kommende Jahr leicht und strahlend wird. Wenn du magst, kannst du dieses Ritual am Morgen nach der letzten Rauhnacht zelebrieren.

Für dieses Ritual benötigst du:

1 langes Bastband
1 Haar von dir
1 feuerfeste Schale
Streichhölzer
Feuerzeug
wahlweise Weihrauch oder Salbei

* Horche in dich hinein, und frage dich, warum du heute räuchern möchtest. Welche Absicht hast du?

* Setze dich in der Natur oder zu Hause an deinen Altar: Baue einen Kreis, einen heiligen Platz auf, in dem du die Anrufung (siehe S. 127) aussprichst. Konzentriere dich auf das, was du vorhast, und lasse dich nicht durch Dinge im Außen wie das Telefon oder etwas Ähnliches ablenken.

* Entzünde deine Altarkerze oder ein kleines Feuer, wenn du in der Natur bist. Mache dir bewusst, dass dies dein inne-

res Feuer ist, das Licht, das dir von Odin zurückgebracht wurde, deine Verbindung zur Magie der Rauhnächte sowie das göttliche Feuer.

* Wenn du möchtest, kannst du jetzt die Utensilien für dieses Ritual mit Weihrauch oder Salbei räuchern.

* Wickle dein Haar um das Bastband.[3]

* Mache dir bewusst, was du wandeln möchtest. Warum möchtest du es wandeln? Was genau ist schiefgelaufen? Mache dir keine Vorwürfe, denn du kannst die Energien nun transformieren. Dieses Ritual macht es nicht ungeschehen, aber es hilft dir, die Energien zu befreien.

* Spüre, dass es jetzt an der Zeit ist, dass diese Energien dich verlassen dürfen, und fühle, wie die Magie der Rauhnächte dich dabei unterstützt. Knüpfe für jeden Wandel drei Knoten übereinander in das Band.

* Lege das Band nun zu einem Kreis in die feuerfeste Schale. Dann lege in die Mitte ein kleines Lagerfeuer aus Streichhölzern, und sprich folgende Worte laut aus: »Hiermit entsteht ein Wandel, und ich lasse diesen zu – mit der Unterstützung der Magie der Rauhnächte durch Raum und Zeit. Ich bin es wert, dass der Wandel in mein Leben tritt und dass sich die schweren Energien nun transformieren. Mir ist bewusst, dass ich eine Wahl habe, und ich kann gestärkt und leicht in die kommende Zeit treten. Ich danke der Magie der Rauhnächte und meinen Verbündeten dafür, dass sie Zeugen

---

3 Falls dein Haar sehr kurz sein sollte, benutze etwas Speichel, um das Haar mit dem Band zu verbinden.

meines Pfades sind. Ich trage die Verantwortung für mich selbst und lasse alles frei, was mir nicht mehr dienlich ist.«

* Nun entzünde die Streichhölzer, und mache dir dabei bewusst, dass du nun alles getan hast. Lasse das Band ganz verbrennen, und wisse, dass die Energien sich nun wandeln werden.

* Danke den Energien und dir selbst für die Schritte, die du gerade getan hast.

* Lasse den heiligen Raum sich wieder auflösen, und komme ganz zurück in deinen Alltag.

* Verstreue die Asche am folgenden Morgen in der Natur.

Nachwort

Die Rauhnächte sind eine magische Zeit, sie können allerdings mitunter auch sehr stressig werden, denn schließlich feiern wir in diesen Tagen auch die Weihnachtstage und Silvester. Hierdurch entsteht manchmal Druck, da wir viele Verabredungen haben, gekocht werden »muss«, und die Jagd nach Lebensmitteln oder Feuerwerkskörpern uns zusätzlich von unserem inneren Prozess ablenkt. Es geht nicht darum, in den zwölf Rauhnächten zu einem Eremiten zu werden und sich von allen anderen abzuwenden. Vielmehr ist es uns wichtig, dass du dir Zeit für deinen inneren Wandel nimmst und auf dich und deinen Rhythmus hörst. Werde dir selbst und dem, was du für dich erreichen willst, ganz bewusst. Die Verbindung zu den Tieren schenkt dir einen Moment der Ruhe, Einkehr und Zentrierung. Jeder Tag ist ein neuer Anfang, ein neues Geschenk, und du hast es in der Hand, diese Tage zu deiner Zeit zu machen, auch wenn du dir nur ein paar Minuten pro Tag schenkst. Die Rauhnächte mit einem kleinen Ritual zu begehen, heißt, dass du dir Zeit widmest.

Auf den folgenden Seiten erfährst du nun noch, wie du einen Altar für deine Rauhnächte aufbaust, die Tiere anrufen und orakeln kannst.

Aufbau des Altars

Einen Altar aufzubauen, kann etwas Beruhigendes, Schönes und vor allem Verbindendes sein. Wenn wir Rituale durchführen, bauen wir immer einen Altar auf, und dazu rufen wir in den Rauhnächten besonders die Tiere hinzu. Der Aufbau eines heiligen Platzes hilft uns dabei, uns selbst klarzumachen, dass nun der Augenblick ist, zu beginnen. Er ist aber auch ein Zeichen für die Lichtwelt, dass du bereit bist.

Der Aufbau deines Altars ist etwas sehr Persönliches und kann ganz nach deinen Vorstellungen geschehen, auch muss er nicht zwingend als etwas Religiöses oder Spirituelles betrachtet werden. Er erschafft einen Raum, in dem du dir selbst, aber auch der Lichtwelt, deine Anerkennung, Zuneigung und Ehrung entgegenbringst. So kann ein liebevoller Austausch über diesen Altar geschehen. Durch das Errichten eines Altars laden wir das Lichtvolle ein, öffnen uns diesem Licht und erschaffen eine Verbindung zu uns selbst. Gerade in dieser dunkelsten Zeit des Jahres können wir so eine Quelle des Lichts in unseren vier Wänden erschaffen.

Du kannst dir extra für die Rauhnächte einen Altar errichten, oder auch deinen ganz persönlichen Altar benutzen. Uns ist es wichtig, dass du unsere Vorschläge nicht als »Muss« wahrnimmst. Du kannst sie deinen Bedürfnissen anpassen und sie ergänzen oder das weglassen, was für dich nicht stimmig ist. Auf Reisen nehmen wir z. B. nur eine kleine Auswahl an Gegenständen mit. Ein Kartendeck ist immer im Gepäck. So können die fehlenden

Gegenstände durch Repräsentanten aus dem jeweiligen Deck ersetzt werden, um den Altar stimmig zu gestalten. Lasse dich hier einfach von deiner Intuition führen.

Wenn du möchtest, kannst du den Platz vorbereiten, an dem du deinen Altar errichtest, indem du ihn räucherst oder abtrommelst. Mit den Gegenständen auf deinem Altar schaffst du eine Verbindung zu allen Kraftplätzen dieser Erde, der anderen Welten und Dimensionen. Jeder einzelne Gegenstand kann dich daran erinnern, dass ein kraftvolles Licht und Wunder in dir verborgen ist.

Lege als »Grundausstattung« ein Tuch oder eine Decke und einen symbolischen Gegenstand für jedes der Elemente auf deinen Altar. Für die Luft kannst du eine Feder, für das Feuer eine Kerze oder eine Feuerschale, für das Wasser eine Muschel oder ein Behältnis mit Wasser und für die Erde einen Kristall oder einen Stein auf dein Altartuch legen. Das Tuch ist ein Symbol für Geborgenheit, Sicherheit und Schutz.

Anrufung der Tiere

Das Erschaffen eines heiligen Platzes und das Rufen der Himmelsrichtungen und Tiere sind eng miteinander verwoben, jedoch ist dies kein Zwang, und du musst es auch nicht mit einem Ritual verbinden. Es gibt Momente im Alltag und vielleicht besonders in der Weihnachtszeit, in denen dir die Verbindung zu den Tieren helfen kann, dich wieder ganz bei dir zu fühlen. Eine Kuppel aus Licht oder einen heiligen Raum um sich herum zu erschaffen, kann in vielen Situationen ein schönes und beschützendes Gefühl schenken. Es gibt unendlich viele schöne Varianten, dies zu tun. Wir stellen dir hier eine Anrufung vor, die wir speziell für die Tiere der Rauhnächte zusammengetragen haben.[4]

Wenn du möchtest, dann räuchere zu Beginn der Anrufungszeremonie. Der Rauch unterstützt dich dabei, deine Worte zu verdichten und deine Gedanken sichtbar zu machen. Er ist aber auch ein Repräsentant, der dir zeigt, dass du einen Raum für etwas Wunderbares und Magisches erschaffen möchtest. Er bereitet dich darauf vor, dass du in dein Heiligstes, deinen inneren Raum, eintreten darfst.

Öffne deine Hände, lasse deine Handflächen nacheinander in die vier Himmelsrichtungen schauen, werde still, und spüre in

---

4 Die Zuordnung der Tiere haben wir auf die Rauhnächte und die Botschaften der Tiere abgestimmt.

dich hinein. Denke nun an etwas, für was du in diesem Moment dankbar bist, und an den Grund, weswegen du das Tier, das du anrufen möchtest, um Unterstützung bitten willst. Erlebe, wie du wahrnimmst, dass der Moment gekommen ist, und dass du bereit bist, diesen Ort zu errichten. Spüre, wie dich die Energie der Rauhnächte mit hell leuchtendem Licht umgibt und sich aus deinem Herzen heraus eine Lichtsäule um dich herum aufbaut. Lasse mit dem Sprechen der folgenden Worte vor deinem inneren Auge ein Bild davon entstehen, wie sich um dich ein heiliger Raum oder eine Kuppel aufbaut, in dem bzw. der die Energie dichter und leuchtender wird und du das leuchtende strahlende Zentrum bist.

Drehe dich in den Westen, und sprich: »Ich rufe meine Begleiter, Hüter und Verbündeten des Westens, des Wassers und der Emotionen. Ich rufe den Wolf, die Schlange sowie den Dachs. Möge die göttliche Quelle sich mit der Quelle meines Herzens verbinden. Möget ihr mich daran erinnern, dass ich ein Wunder bin. Danke, dass ihr mir helft, tief in den Ozean meiner Gefühle zu tauchen, mich mit meinen wahren Emotionen zu verbinden und Transformation zu erfahren. Seid willkommen, so sei es!«

Drehe dich in den Norden, und sprich: »Ich rufe meine Begleiter, Hüter und Verbündeten des Nordens, der Erde und die des Körpers. Ich rufe den Falken, den Hirsch sowie die Eule. Mögen meine Wurzeln den göttlichen Herzschlag wahrnehmen und ich mir meiner kraftvollen und hellen Verbindungen bewusst werden. Möget ihr mich daran erinnern, dass ich mich wertschätze und ehre. Danke, dass ihr mir helft, mich hier und jetzt zu verankern und Klarheit in mein Leben fließen zu lassen. Seid willkommen, so sei es!«

Drehe dich in den Osten, und sprich: »Ich rufe meine Begleiter, Hüter und Verbündeten des Ostens, der Luft und die meines Intellekts. Ich rufe den Raben, das Wildschwein sowie das Eichhörnchen. Möge der göttliche Atem mich und alles, womit ich sichtbar und unsichtbar verbunden bin, durchströmen. Ich bin bereit für den Neuanfang. Danke, dass ihr mir helft, meine Gedanken zu ordnen und mich wieder zu fokussieren. Seid willkommen, so sei es!«

Drehe dich in den Süden, und sprich: »Ich rufe meine Begleiter, Hüter und Verbündeten des Südens, des Feuers und die meiner Leidenschaft. Ich rufe den Hasen, die Gans sowie das Schaf. Möge das göttliche Licht sich mit meinem göttlichen Funken verbinden, damit ich mein Licht klar spüren kann. Ich bin bereit, die Fülle auf allen Ebenen in mein Leben fließen zu lassen. Danke, dass ihr mir helft, meine Bedürfnisse zu erkennen, und mir die Kraft gebt, zu diesen zu stehen. Seid willkommen, so sei es!«

Lege deine Hände nun auf den Boden, und sprich: »Danke, Mutter Erde, dass du uns bedingungslos trägst und wir ein Teil von dir sind. Du schenkst Halt, kraftvolle Verbindung und Mitgefühl. Mögen meine Wurzeln den göttlichen Herzschlag wahrnehmen. Mutter Erde, sei willkommen, so sei es!«

Nun stehe auf, drehe deine Hände in Richtung Himmel, und sprich: »Ich rufe meine Begleiter, Hüter und Verbündeten der Rauhnächte, die Vergangenheit, Gegenwart und Zukunft sowie die lichtvolle Energie meiner Ahnen und Unterstützer hinter den Nebeln. Danke, dass ihr mir helft, zu erkennen, dass die Grenzen sich auflösen dürfen. Danke, dass ihr mir einen Blick auf das ganzheitliche Bild offenbart, damit ich es auf allen Ebenen mitgestalten kann. Seid willkommen, so sei es!«

Halte inne, und erlebe, dass der heilige Raum nun errichtet ist und erstrahlt. Nach dem Ritual kannst du den heiligen Raum ganz mühelos auflösen, indem du den imaginären Platz gegen den Uhrzeigersinn wieder berührst oder laut klatschst und deinen Verbündeten für ihre Unterstützung dankst.

Orakeln

Die Rauhnächte laden natürlich zum Orakeln ein – und zwar in jeglicher Form. Das Bleigießen oder Wachsgießen ist uns womöglich am präsentesten in der Silvesternacht. Doch auch Wünsche auf ein Papier zu schreiben, dieses zusammenzuknüllen, anzuzünden und im Flammenspiel und dessen Schatten unsere Zukunft zu lesen, ist eine schöne Möglichkeit. All dies und noch viel mehr gehört in diese Zeit, zu unserem Brauchtum und zu uns, denn wir wissen, dass die Schleier in die verborgenen Welten nun hauchdünn sind, und der Reiz, einen kleinen Blick hinter sie zu werfen, ist einfach zu verlockend.

Wir mögen es sehr, neben dem Räucherritual und einer Lichtreise, in der wir die Verbindung zu den Tieren zelebrieren, auch Karten zu ziehen. Für jede einzelne Rauhnacht und den dazugehörigen Monat ziehen wir eine Impulskarte. Hierzu benutzen wir die verschiedensten Kartendecks, damit die Individualität jedes Monats erfasst werden kann. Es ist sehr schön, im Laufe des Jahres die Aufzeichnungen zu den Karten wieder herauszuholen und nachzusehen, welche Wegweiser und Impulse uns gegeben wurden. Es geht jedoch nicht darum, sich Gedanken zu machen oder Angst zu schüren, wenn wir einmal eine negative Karte ziehen, sondern es geht darum, achtsam mit sich zu sein, seine Energien einzuteilen und sich klar auszurichten. Sei auch hier vollkommen offen, und genieße einfach die Energie dieser Zeit.

Danksagungen der Autorinnen

Beate Seebauer

Immer wieder ist es magisch, wenn ein Buch den Abschluss findet, und mir ist dieser Teil ganz besonders wichtig. Es ist für mich die Möglichkeit, öffentlich DANKE zu sagen, nämlich all jenen, die mir am Herzen liegen und die mich in meinem Tun so unglaublich unterstützen. Für mich sind die Rauhnächte schon lange unglaublich wichtig, und so bin ich schon als Kind mit dem ein oder anderen »Aberglauben« aufgewachsen, der aber, so viel weiß ich heute, aus der altgermanischen Zeit entspringt. Ich finde es unglaublich, dass dieses Wissen, wenn auch immer wieder etwas abgewandelt, von Generation zu Generation weitergegeben wird. So ist es auch mit den Rauhnächten. Ich bin unglaublich dankbar für mein Gespür für die Tiere und meine Verbundenheit mit der Natur, die mich auch in diesem Buch so tief begleitet hat. Es berührt mein Herz, zu welch großartigen Dingen wir fähig sind, wenn wir den Mut haben, an uns selbst zu glauben. Wir alle können diese magische Zeit unterstützen, indem wir unseren Teil beitragen und die Legenden und Mythen in unserer Erinnerung behalten. Ich finde, das sind wir unseren Nachfahren schuldig, denn es wäre unglaublich schade, wenn all dies verloren ginge. Wir alle sehnen uns nach einem magisch tollen Leben, und doch ahnen wir oft nicht, wie viel von unserem eigenen Denken abhängt, sodass es wirklich magisch sein kann.

So danke ich meiner lieben Freundin Anne-Mareike dafür, dass sie mit mir dieses Buch geschrieben hat. Unsere gemeinsamen Rauhnächte und Inspirationen sind die Basis für dieses wundervolle Buch. Schön, dass wir uns so toll ergänzen, denn alles ging mühelos und einfach, genau so, wie wir es uns gewünscht haben. Freundschaft erwartet nichts, und doch gibt sie alles, wenn jeder zu sich steht. Ich danke an dieser Stelle meinem Mann, der mich bei allem, was ich tue, unterstützt, und der stets zu mir steht. Und ich danke meiner Familie, die immer für mich da ist und die mir die Werte nahegebracht hat, für die ich heute stehe. Danke auch an Heidi und Markus Schirner. Ihr seid einfach nur toll, weil ihr so viel Vertrauen habt und uns so wundervoll unterstützt. Natürlich danke ich auch meinen Lektorinnen Natalie und Kerstin für euer Wirken und Sein. Ihr seid die Ratgeber und Unterstützer, damit es ein wirklich gutes Buch wird. Und zu guter Letzt danke ich euch allen, dir ihr so viel Vertrauen habt und dieses Buch lest. Mögen eure Rauhnächte ganz besonders schön werden und eure Träume und Wünsche sich erfüllen. Glaubt daran, denn es ist alles möglich mit Magie!

Eure Beate Seebauer

Anne-Mareike Schultz

Die Rauhnächte begleiten mich seit meiner Kindheit, und es ist für mich ein Segen, dieses Buch geschrieben zu haben, und es erfüllt mich mit tiefer Dankbarkeit. Es gibt so unglaublich viele und schöne Facetten der Rauhnächte, und dies ist nur ein Teil eines großen Mosaiks, den wir hier aufzeigen dürfen. Meine Großeltern und meine Eltern haben mir die mystische Welt der Rauhnächte immer offengehalten, und jede einzelne Erinnerung an das »Rummelpottlaufen«, Räuchern oder Orakeln und an die Rituale oder mystischen Legenden schenkt mir heute in diesen magisch heiligen Nächten einen Schatz, den ich hier mit euch teile. Denn dadurch, dass wir unsere Wurzeln erkennen, uns das Wissen hinter den Nebeln und das unserer Ahnen bewusst machen, können wir unseren Pfad kraftvoll gehen.

Ich möchte meinen Eltern Anne-Karine und Hans-Albert dafür danken, dass sie mich und meine Schwestern immer ermutigt haben, unseren Weg zu gehen, und mich mit dem Wissen, den Mythen und Legenden vieler Länder und Kulturen »gefüttert« und mir den Weg unserer Ahnen immer offengehalten haben. Ich danke auch meiner Zwillingsschwester Wibke-Martina, die mich immer unterstützt, Verständnis für mich hat, mich zum Lachen bringt und mir darüber hinaus die Zeit, den Raum und den Platz schenkt, diesen Traum zu verwirklichen. Die Liebe für euch ist unermesslich, und ich habe euch lieb.

Meinen zwei liebsten Freunden Caro und Tim möchte ich für alles und ihr Sein danken, und eurem schnuckeligen Sohn Henri, der quasi durch mich mit der Räucherschale das Zündeln erlernt hat und unsere Mythen und Riten so in die kommende Generation tragen wird. Ich bin dankbar für meine Rauhnachtsferien 2017/2018 und dafür, dass diese Zeit so heilsam sein durfte. Es war, als wenn Magie in den Augenblick gewoben wurde, und ich einfach abschalten und in die Sanftheit und Weichheit der Rauhnächte eindringen durfte. Zauber, Freude, Wissen um Mystik, Vertrauen und das Myzel, das Mutter Erde durchdringt, waren unter anderem meine Begleiter. Danke, Michael, für die Magie. Pfade können verschlungen wirken, und wenn sich ein Weg vor dir zeigt, dann genieße jeden Schritt, denn jeder einzelne kann großartig sein. Ich danke euch zauberhaften Lichtern für jeden kleinen und großen Schritt, den ihr mit mir geht. Ich möchte meinen Freundinnen Anja und Anne danken. Und ich möchte meinem lieben Mondbruder Dennis danken, denn du hast immer so viel Verständnis für mich, und wir wissen, dass alles, was in den Rauhnächten geboren wird, einen Zauber hat.

Ein Dankeschön geht natürlich an meine liebe Freundin Beate, denn unsere gemeinsame Rauhnachtszeit in 2016/2017 war wegweisend für dieses magische Buch, und ohne sie wäre dieses

Buch in dieser Form nicht entstanden. Wie schön, dass wir unsere Energien verbinden können und doch jede für sich steht. Vertrauen, Mut und Zeichen erkennen, das macht Freundschaft aus, und dafür bin ich sehr dankbar.

Ich danke unseren Verlegern, der lieben Heidi und dem lieben Markus Schirner, dafür, dass sie uns beide dieses Thema in die Welt bringen lassen und uns so ihr Vertrauen schenken. Ein großes Dankeschön geht an meine liebe Lektorin Kerstin, denn ohne dich würde es nicht so viel Spaß machen, und die Zusammenarbeit mit dir ist einfach großartig. Natürlich auch Danke an dich, Natalie, für deine ganze Arbeit und Mühe.

Mögen die Liebe und das Licht uns allzeit führen und uns magische Momente schenken.

Eure Anne-Mareike Schultz

Über die Autorinnen

Beate Seebauer

ist ausgebildete Heilpraktikerin, Tierkommunikatorin und Coach. Als ihr Pitbull-Terrier Fijack erkrankte und sie ihn durch seine Leidenszeit bis zum Tod begleitete, stellte sie erstmals ihre besondere Fähigkeit zur intensiven nonverbalen Kommunikation mit Tieren fest. Seitdem unterstützt sie Tierhalter dabei, mit ihren Haustieren zu kommunizieren und so das Verhältnis zwischen Mensch und Tier zu einer Beziehung zwischen gleichwertigen Partnern zu machen. Zudem bietet sie Ausbildungen, Kurse, Webinare, Onlinekurse und Seminare in Tierkommunikation und Coachings an.

Weitere Informationen zur Autorin finden Sie auf ihrer Website sowie auf Facebook, Instagram und Youtube.

Homepage: www.tiertalk.com
Facebook: www.facebook.com/tiertalk
Instagram: beateseebauer
Youtube: mytiertalk

Anne-Mareike Schultz

beschäftigte sich bereits im Kindesalter mit Lichtwesen, Mythen und Legenden. Seit früher Kindheit bereiste sie die Welt und lebte zudem einige Zeit in den USA und Australien. Diese vielen, ganz besonderen Erlebnisse prägten sie tief. Durch ihre Vorfahren kam sie schon ganz früh mit schamanischem Wissen und den unsichtbaren Welten und deren Kraft in Berührung. Nach Beendigung ihres Studiums und individuellen Erfahrungen entdeckte sie gemeinsam mit ihrer Zwillingsschwester die Naturheilkunde für sich. Beide absolvierten Ausbildungen zur Heilpraktikerin und eröffneten eine Gemeinschaftspraxis in Schleswig-Holstein. Anne-Mareike Schultz bietet zudem Seminare, Workshops, Meditationen, Einzelsitzungen, Webinare, Onlinekurse und Seminarreisen an.

Weitere Informationen zur Autorin finden Sie auf ihrer Website sowie auf Facebook und Instagram.

Homepage: www.annemareike.me
Facebook: annemareikeschultz
Instagram: _annemareike_

Kommen Sie segensreich durch die Rauhnächte!

Jeanne Ruland
Mein Rauhnacht-Orakel
Visionskarten für die 12 Heiligen Nächte
Kartenset: 50 Karten mit Anleitung
978-3-8434-9104-4

Jeanne Ruland
Mein Rauhnacht-Tagebuch
128 Seiten
978-3-8434-1348-0

Jeanne Ruland
Mein Rauhnacht-Begleiter
Ein lichtvoller Begleiter durch die 12 heiligen Nächte
200 Seiten
978-3-8434-1247-6

Sandra Waldermann-Scherhak
Rauhnacht-Rituale für Frauen
Eine spirituelle Bewusstseinsreise durch die zwölf Nächte
160 Seiten
978-3-8434-1325-1

Weitere Titel der Autorinnen erschienen im Schirner Verlag

 Schirner Verlag

Beate Seebauer
Traumatisierten Tieren helfen
112 Seiten
978-3-8434-5146-8

Anne-Mareike Schultz
Dennis Möck
Mond-Rituale
Wirken mit der Kraft von Vollmond und Neumond
152 Seiten
978-3-8434-1435-7

Anne-Mareike Schultz
Dennis Möck
Mondpriesterschaft
Rituale, Zeremonien und Einweihungen für ein Leben im Mond-Jahreslauf
136 Seiten
978-3-8434-1315-2

Anne-Mareike Schultz
Priesterin Avalons
Erwecke die Kraft der Großen Göttin in dir
144 Seiten
978-3-8434-1265-0

Danke für deine **REZENSION**
– Gemeinsam sind wir mehr –

Liebe Leserin, lieber Leser,

von Herzen danken wir dir, dass du dieses Buch in den Händen hältst und es bis zum Ende gelesen hast. Das bedeutet uns, dem Schirner Verlag und seinen Autoren, sehr viel. Aus voller Überzeugung und mit Hingabe widmen wir uns seit vielen Jahren Themen, die unser aller Lebensqualität und Bewusstwerdung dienlich sind, und hoffen, einen Beitrag für eine lichtvollere Welt leisten zu können. Wenn dir unsere Arbeit gefällt, möchten wir dich bitten, dir einige Minuten Zeit zu nehmen, um dieses Buch zu rezensieren. Warum? Die meisten Menschen lesen Rezensionen, bevor sie ein Buch kaufen, da sie hierdurch einen Eindruck bekommen, ob und wie der Inhalt des Buches den Leser erreicht hat. Eine kurze Rezension ist dabei ebenso hilfreich wie eine lange, sehr ausführliche. Um es auf den Punkt zu bringen:

Eine Rezension ist heutzutage die beste Werbung für ein Autorenwerk!

Wenn du den Schirner Verlag und seine Autoren neben dem Buchkauf auch anderweitig unterstützen willst, dann bitten wir dich: Schreibe für jedes Werk eine Rezension – vielleicht als persönliche Leseempfehlung für die Buchhandlung in deiner Nähe oder online, z. B. beim Schirner Verlag. Das wäre nicht nur eine Wertschätzung für die Autoren, sondern kann dazu beitragen, dass die Verkaufszahlen steigen und der Schirner Verlag auch in herausfordernden Zeiten Bestand hat.

WIE SCHREIBT MAN EINE REZENSION?

Grundsätzlich sollte eine Rezension aus der eigenen, subjektiven Sicht geschrieben werden, da es sich um eine persönliche Meinung handelt. Du kannst in zwei Sätzen deine Gedanken zu dem Buch äußern oder eine längere Rezension verfassen. Falls du nicht weißt, wie du beginnen sollst, hier ein paar Anregungen:

- War das Buch leicht verständlich geschrieben? Wie hat dir die Sprache gefallen? Wie empfandest du die Aufteilung der verschiedenen Themen?

- War es unterhaltsam? War es deiner Meinung nach mit Herzblut und Liebe geschrieben? Wie hat es auf dich gewirkt?

- Hat es dein Herz berührt? Konntest du dich wiederfinden?

- War es tief greifend genug? Hast du viel Neues gelernt?

- Hat es gehalten, was der Titel und die Buchbeschreibung versprochen haben? Hat es deine Erwartungen erfüllt?

- Was macht das Buch besonders? Warum sticht es heraus im Vergleich zu anderen Büchern, die ein ähnliches Thema behandeln?

- Würdest du das Buch weiterempfehlen oder verschenken?

Bildnachweis

Bilder von der Bilddatenbank www.shutterstock.com:

Umschlag: # 307944398 (© Mark Bridger), # 324009974 (© Feaspb), # 767139244 (© Martin Mecnarowsk), # 504536446 (© Ron Dale), # 671032255 (© Sablegear), # 84504100 (© debra hughes)
Schmuckelemente auf allen Seiten: Hintergrund: # 522096343 (© Melinda Nagy); Farbverlauf am unteren Seitenrand: # 535509520 (© Romolo Tavani); Bildeinfassung Lichtkreis: # 504536446 (© Ron Dale); Bildeinfassung Kreis mit Blätterranken: # 671032255 (© Sablegear); Sterne und Schnörkel: # 84504100 (© debra hughes); Schneeflocken: # 522351361 (© VasiliyArt)
Weitere Bilder: S. 3: # 307944398 (© Mark Bridger), S. 3: # 767139244 (© Martin Mecnarowsk), S. 3: # 324009974 (© Feaspb), S. 5–7: # 435339904 (© tomertu), S. 5: # 538081510 (© lerkot), S. 7: # 63653404 (© Kuttelvaserova Stuchelova), S. 7: # 546205723 (© worsan), S. 8: # 538081510 (© lerkot), S. 8: # 307944398 (© Mark Bridger), S. 9: # 767139244 (© Martin Mecnarowski), S. 9: # 759372076 (© iravgustin), S. 10: # 165099086 (© IgorZh), S. 11: # 1030792576 (© Nastya22), S. 12: # 239416798 (© iravgusti), S. 13: # 352019378 (© punghi), S. 14: # 143438110.jpg (© arturasker), S. 18: # 780735301 (© Vitalii Bashkatov), S. 22: # 1047700396 (© CoralAntlerCreative), S. 23: # 1047086884 (© CoralAntlerCreative), S. 25: # 170251439 (© Barbara Dudzinska), S. 26: # 538081510 (© lerkot), S. 26: # 307944398 (© Mark Bridger), S. 27: # 401905636 (© Alaskajade), S. 28: # 537338770 (© Cyrustr), S. 29: # 342805850 (© Giedriius), S. 31: # 342805874 (© Giedriius), S. 36: # 723612763 (© Angyalosi Beata), S. 37: # 1075969727 (© Mike Truchon), S. 42: # 141310405 (© Erni), S. 43: # 44013217 (© mlorenz), S. 49: # 179144891 (© Denisa Mikesova), S. 50: # 1008441868 (© Krasula), S. 52: # 659139118 (© Michal Pesata), S. 55: # 1018096927 (© Vlada Cech), S. 56: # 1034468950 (© DavidTB), S. 58: # 161455952 (© Katarzyna Mazurowska), S. 61: # 480180670 (© Ondrej Prosicky), S. 62: # 63653404 (© Kuttelvaserova Stuchelova), S. 64: # 180021905 (© Gabor Nedeczky), S. 68: # 516728962 (© Mark Medcalf), S. 69: # 1037054872 (© Michele Aldeghi), S. 75: # 263807603 (© AlekseyKarpenko), S. 81: # 389724850 (© Marcin Perkowski), S. 82: # 232183669 (© VOJTa Herout), S. 88: # 556924855 (© Neil Burton), S. 89: # 465607067 (© Kjetil Kolbjornsrud), S. 94: # 774742522 (© Gisele Carvallo), S. 95: # 788356291 (© Dagmara Ksandrov), S. 100: # 788357167 (© Dagmara Ksandrova), S. 101: # 796938451 (© Risto Puranen), S. 107: # 728990377 (© Grzegorz Lukacijewski), S. 108: # 428004469 (© MestoSveta), S. 109: # 120681538 (© Elena Schweitzer), S. 109: # 671032255 (© Sablegear), S. 111: # 492039421 (© Fomina Elena), S. 111: # 671032255 (© Sablegear), S. 113: # 563034418 (© Subbotina Anna), S. 113: # 671032255 (© Sablegear), S. 115: # 517687216 (© Marina Zezelina), S. 116: # 41680588 (© Frank Spee), S. 118: # 671032255 (© Sablegear), S. 120: # 1055032910 (© CoralAntlerCreative), S. 121: # 671032255 (© Sablegear), S. 123: # 519792925 (© ALEX_UGALEK), S. 124: # 159967142 (© VOJTa Herout), S. 126: # 1047700189 (© CoralAntlerCreative), S. 130: # 159091256 (© Katarzyna Mazurowska), S. 132: # 487798240 (© Fanfo), S. 135: # 94405324 (© Pim Leijen), S. 137: # 342805850 (© Giedriius), S. 137: # 538081510 (© lerkot), S. 140–141: # 519792925 (© ALEX_UGALEK)